プロローグ　合併で突然の出向！ 50代からの収入減

私の名前は
水上克朗《ミズカミカツロウ》
大手金融機関で
支店長を
しています
入社40年で
14回の部署異動
11回の転勤——

単身赴任先では
ゴルフ三昧
接待三昧
ナイスショット
お気楽な
サラリーマン生活を
送っています

ところが56歳のときに
1本の電話で
すべてが狂いました
ありがとう
ど・うぞ
♪〜 ♪〜
もしもし
あっ常務
おはようございます
あぁ、水上くん
来月から
きみ、出向だから

ええっ?
会社の合併で支店長のポストを外されて社外出向に……
¥
収入はジリジリと下がって年収360万円に……

妻は専業主婦で結婚以来働いたことがない
順調に歩んできた会社員人生が音を立てて崩れ去っていきました
わー!!
ドーーン!!
終身雇用
年功序列
マイカー・マイホーム

同じタイミングで
父親が認知症に
どちらさん？
老老介護に
疲れ果てた母親も
胃がんで
3ヵ月の余命宣告

会社一筋に尽くせば
一生安泰だと思ってた
わ〜〜〜!!
医療費・両親の介護費用は?
老後のお金は?

誰が面倒を見てくれるんだ――――!!
人生最大のピンチにお金のことを真剣に考え始めました
どうしたら・・・・

目次

第二部
絶対失敗できない！ シニアのキャリアサバイバル術

第三部
親の介護・医療で1400万円⁉ 備えはなくても憂いはなくす

第四部
老後の安心をお金で手に入れる
退職金・年金・雇用保険

50代からの老後資金捻出例（著者）

（単位:万円）

	内容	捻出方法	金額
1	ゴルフ（趣味）やめる	4万（月4回）×12ヵ月×10年	480
2	車の見直し	年60万×10年	600
3	保険の見直し	月3万円×12ヵ月×10年	360
4	通信費（格安スマホへ）	年10万（夫婦2人）×10年	100
5	通信費（固定電話解約）	2万×10年	20
6	通信費（とりまとめ他）	電気とガス、ネットとスマホ、省エネ商品他	24
7	高額療養費制度の活用	アキレス腱断絶通院での付加給付活用	8
8	住宅ローン繰り上げ返済	100万円の繰り上げ返済利息減	35
9	妻働く	1日5時間×1000円×14日×12ヵ月×10年	840
10	確定申告での還付	医療費控除（2万×10年）	20
11	高額介護サービス費制度の活用	父介護時（超過分還付月2.8万円×30ヵ月）	84
12	高額医療·高額介護合算療養費制度の活用	父介護費、母医療費合算（超過分還付）	11
13	退職金は年金でなく一時金	一括でもらう、税·社会保険料軽減	130
14	退職時は任意継続で2年間	国民健康保険より1年15万得	30
15	高年齢雇用継続基本給付金	給与月24万×15%=3.6万×12ヵ月×5年	216
16	失業給付（上乗せ分）	65歳の誕生日2日前に退職（50日→150日）	70
17	妻の国民年金任意加入	10年で元がとれる、年4万×10年（85歳まで生きる）	40
18	年金（基礎年金）繰り下げ	夫婦2人70歳から42%増（平均余命まで生きる）	345
19	夫厚生年金加入（70歳まで）	70歳まで働けば年金額増（平均余命まで生きる）	360
計			3773

登場人物紹介

水上《ミズカミ》 克朗《カツロウ》（56歳）

大手金融機関でサラリーマン生活を謳歌していたが、突然の社外出向で人生最大のピンチに

妻：アケミ

海外ドラマを見るのが何よりも好き

父：セツロウ（90歳）

大学教授として発生生物学の研究をしていた

母：エイコ（85歳）

60歳を過ぎて短歌を始める

弟：マサミ

趣味は低山ハイキング

リツコ

両親のケアマネジャー

アライ

ギターをするために早期退職した会社の同期

カミムラ

早期退職で転職した会社の同期

第一部
50代から
無理なくムダをなくす

「老後不安」と検索すると
1位は「お金」でした
10000
100
500

「世代別の老後の備え」を見ても2000万円足りないことを痛感
そ……そんな……
2000万
このままではいけない……
これまでまったくお金と向き合ってこなかったことに気がつきました

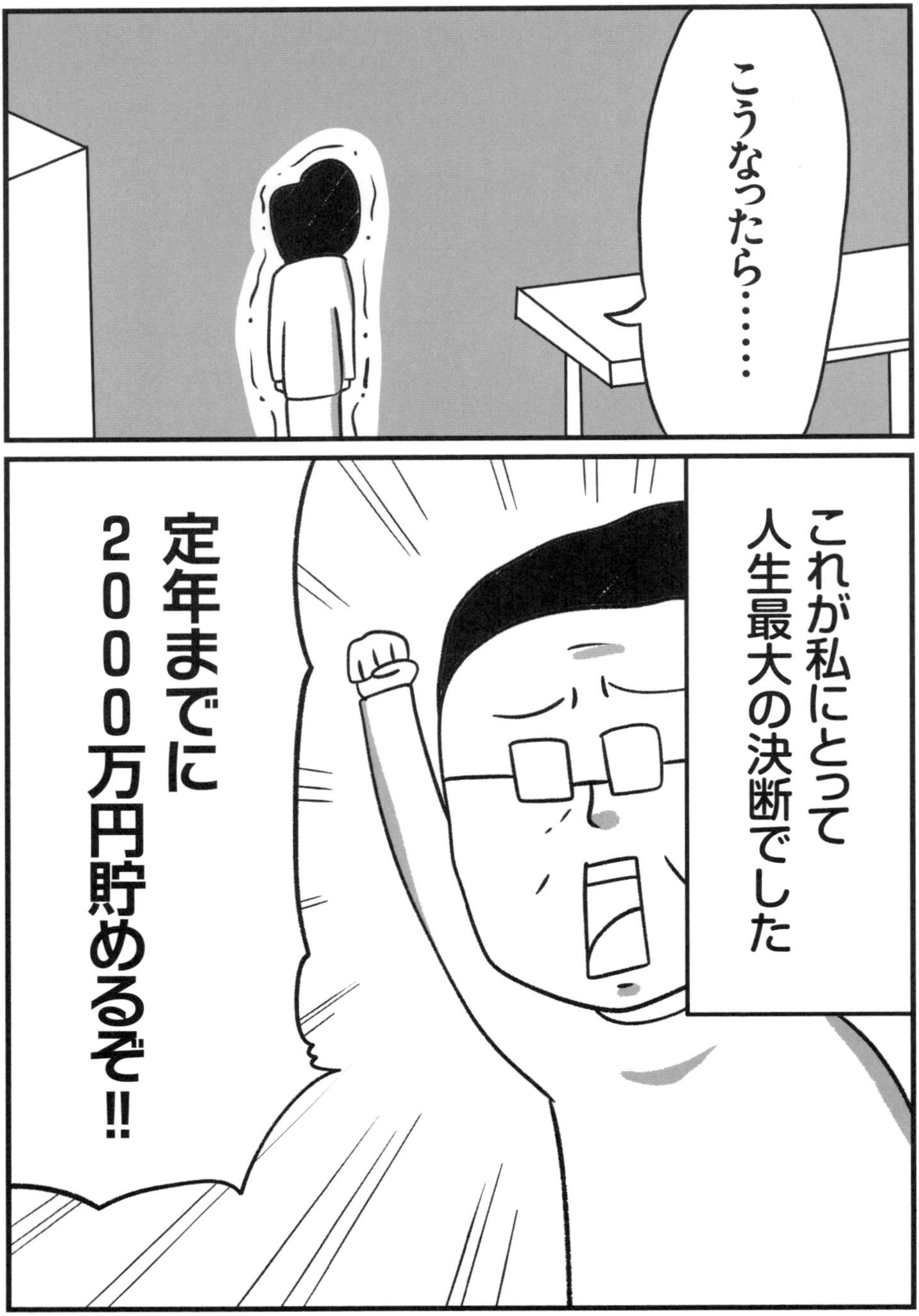
こうなったら……
これが私にとって
人生最大の決断でした
定年までに
2000万円貯めるぞ!!

収入は増えないので、ムダをなくしてその分を貯金するしかないかなぁ……
うーん
ナイスショット!
スコーン!!
年でめっぽう飛ばなくなったなぁ……

唯一の趣味もこれ以上
うまくならないし
月 火 水
土 日
ゴルフ
会議
会食
メンバーを４人も
集めなければいけないし
プレー代4万円
（月2回）×12ヵ月×10年
＝480万円
冷静に計算してみると
家計の金食い虫でした
わははは!!
GOLF BAG
こうしてゴルフを
やめることにしました
GOLF BAG
ガラガラガラ……
480/2000

水上おはよう
あっ、おはよう
来週また行くだろ?
え……
ああ……
ええと……
あーいたたた!!
ごめん……
五十肩で肩が
上がらなくてさ……
五十肩を理由に
数回断ると
誘いがなくなりました

ゴルフをやめると
車も必要ないいん
じゃないか……
あのさ……
車を手放そうと
思っているんだ
出かけるのに
必要じゃないかしら？

計算してみると（車を使い続けた場合のコスト）

180万円の車を購入し、9年間使用する場合の一例

コンパクトカー（1500cc）

	月額	年額
車購入年間負担額	1万6777円	20万円
駐車場代	1万5000円	18万円
ガソリン代	5000円	6万円
自動車保険・自動車税・車検代など	約1万3333円	16万円
合計	約5万円	60万円

10年間で600万円!

年間60万円も節約になるんだ
必要ならカーシェアかタクシーでなんとかなるだろう

うーん、そうねえ都会だから電車やバスを利用すればいいわね

多少の家族からの
反発はありましたが
不便ならまた
買い戻せば
良いと思って
思い切って
実行しました
1080
2000
なんと!
ムダをなくせば
2000万円の
半分を貯める
見通しが
ついたのです
これからは老後の
夫婦共倒れを
防ぐ節約だ!
どーん!!

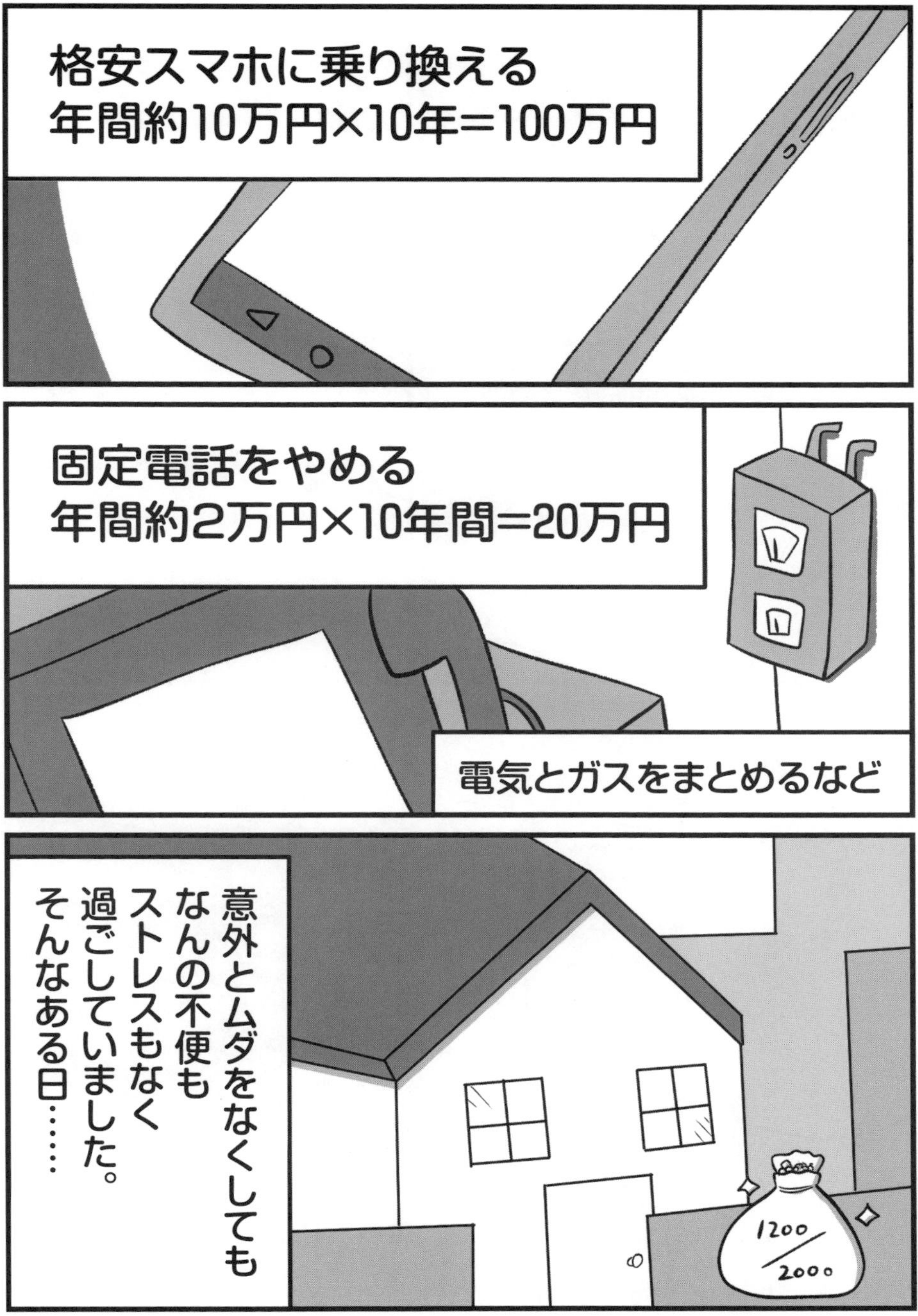
格安スマホに乗り換える
年間約10万円×10年＝100万円
固定電話をやめる
年間約2万円×10年間＝20万円
電気とガスをまとめるなど
意外とムダをなくしても
なんの不便も
ストレスもなく
過ごしていました。
そんなある日……
1200
2000

ドーン!!
大丈夫!?
左足が〜
あ〜、こりゃダメだ 切れてるね

アキレス腱断裂で
3ヵ月は
車椅子と松葉杖生活
リハビリも含め
完治まで6ヵ月近くかかる
ふと
お金の不安が
よぎりました……
左足の装具は
10万円です
水上さん
治療費はこちらに
なります
高額な医療費が
かかるんじゃ……
会社の健康保険に
申請すると
装具代10万円が2万円に!
助かる!

高額療養費制度や付加給付といって自己負担の上限があるのですおかげでトータルの治療費の自己負担は約7万円ですみました
待てよ
たしか傷害保険は月5000円の保険料を払っているが、1年2ヵ月で元が取れるなぁ……
保険の見直しを考えなければ!!

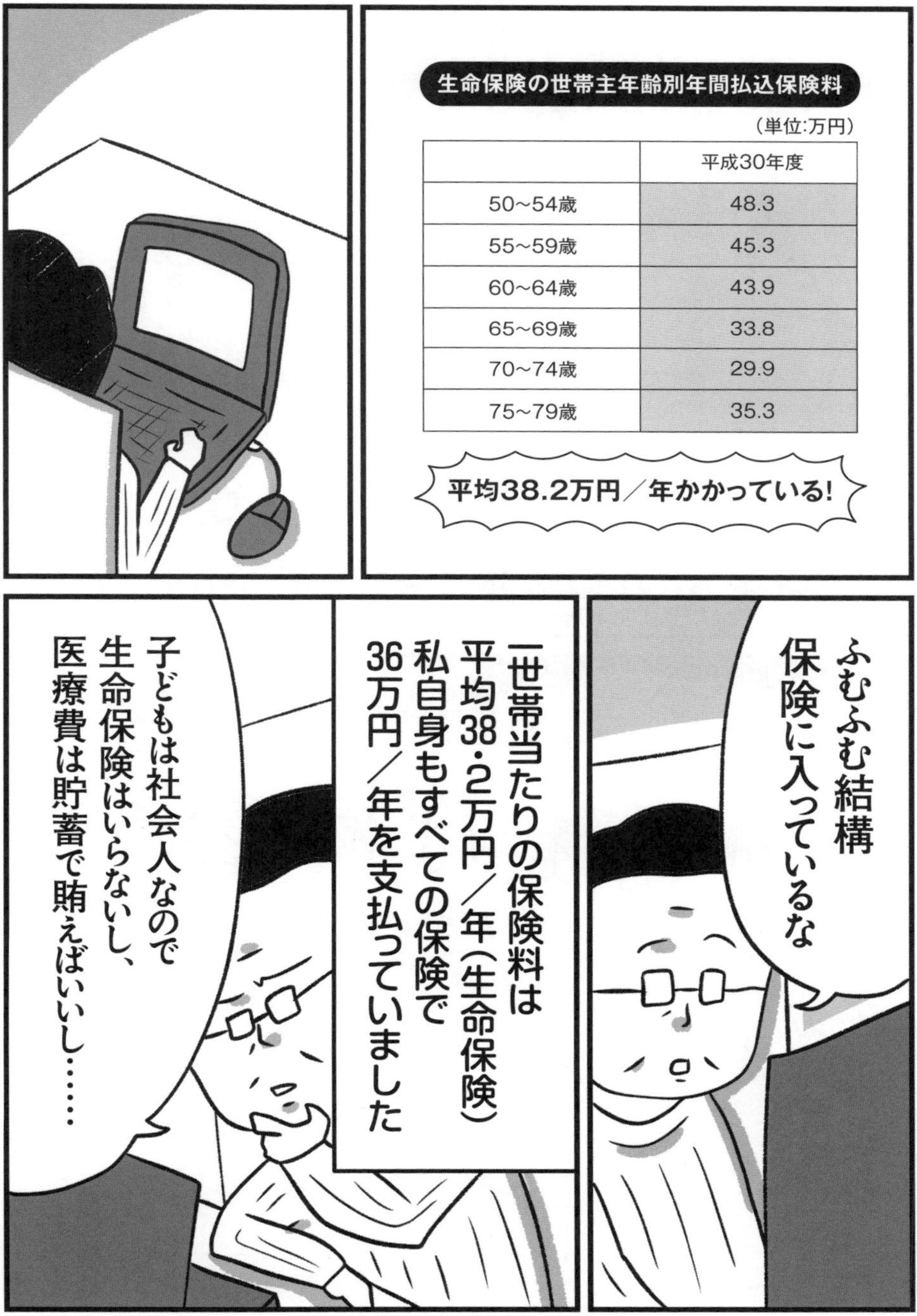
生命保険の世帯主年齢別年間払込保険料
（単位:万円）
平成30年度
50～54歳 48.3
55～59歳 45.3
60～64歳 43.9
65～69歳 33.8
70～74歳 29.9
75～79歳 35.3
平均38.2万円／年かかっている!
ふむふむ結構保険に入っているな
一世帯当たりの保険料は平均38・2万円／年（生命保険）私自身もすべての保険で36万円／年を支払っていました
子どもは社会人なので生命保険はいらないし、医療費は貯蓄で賄えばいいし……

こうして生命保険の
貯蓄部分以外は
すべて解約しました
1年間でいくら
貯められるのかを
もう一度
シミュレーション
してみると……
ん？
むむむ～？
1500万円つくる
算段が立ち
一気に気がラクに
なりました！
ムダをなくせば
意外と貯まる
50代からでも
2000万円
貯められるかもしれない
1560
2000

COLUMN

支出の落とし穴「イベント費」を管理する

「毎月の収入の範囲内で生活できているはずなのに、なぜかお金が貯まらない」こういう場合、多くはイベント費が抜け落ちてしまっているようです。支出は２本立てで考えておきます。

毎月発生する支出

住居費、水道光熱費、食費、日用品費、通信費、交通費、医療費、理美容・服飾費、レジャー・交際費

イベント時に必要になるお金

春：送別会、歓迎会、入学関係、ゴールデンウイーク、母の日
夏：父の日、お中元、夏休み、お盆
秋：敬老の日
冬：お歳暮、クリスマス、正月、お年玉
その他：誕生日、家族旅行、冠婚葬祭、固定資産税、自動車税、車検代など
一時出費：家のリフォーム代、家電の買い替え、車の買い替え、子どもの教育費、子どもの結婚資金援助など

季節ごとにイベントを書き出すと、結構な数があります。しっかり管理しておかないと、あっという間に赤字になってしまいかねない金額です。

イベント費を想定することで「使途不明金」がなくなります。イベント費は変動が大きいので「今年はどんなお金がいくらくらいかかるだろうか」と毎年見直すことも大切です。

なお、趣味や旅行、食事といった人生を楽しむための費用は、あまり削りすぎると、かえってストレスが溜まり、健康にも悪影響を及ぼしかねないので、ほどほどにしたほうがよいでしょう。また、家のリフォーム代、家電の買替え、車の買替え、子どもの結婚資金などの一時出費は、「何に、どれくらい使うのか」を決めておくことが肝要です。

50代から収入はダウンする!

老後の「3K」という言葉をご存じでしょうか。「(お)金(Kane)」「健康(Kenko)」「孤独(Kodoku)」の3つです。何を意味するかというと、「老後に不安に思うこと」上位3項目です。悠々自適の老後は憧れますが、残念ながら、不安のほうが大きいのが現実のようです。現役時代に人並みの給料をもらい、とくにぜいたくやムダ遣いをしなければ、退職後も普通の老後を遅れるかと言えばそうとも限りません。

高齢者世帯の収入源は、公的年金がそのほとんどを占めていますが、今後、少子高齢化で年金支給額が下がっていくのは必至だと思われます。また、同じく少子高齢化で、健康保険や介護保険の保険料や自己負担額が上がっていくのも想像に難くありません。

実際、総務省の家計調査報告(2018年)によると、平均的な高齢夫婦無職世帯(夫65歳以上、妻60歳以上の夫婦のみの無職世帯)の家計は、毎月約4万2000円の赤字です。一方、日本人の平均寿命は、男性は81・25歳、女性87・32歳（2018年）で、この先も延び続けることが予測されます。**仮に90歳まで生きるとしても、60歳からの30年間では約1512万円の不足となります。**

年金を受け取れる年齢は段階的に引き上げられて、今や65歳になりました。「高年齢者雇用安定法」によって、会社にいれば65歳までは働き口を確保してもらえますが（詳細は第二部81ページ）、実際は50歳から段階的な収入減が待ち受けています。それが次項で紹介している「6つの崖」です。「年金だけではとても老後の生活を賄えない現実」が事実としてあるのです。

日々の仕事が忙しく、退職後の生活まで考えるゆとりはない方もいるかもしれません。けれども、50歳を過ぎたら退職までを不安の中で過ごすより、安心して退職後を迎えたい、過ごしたいでしょう。そのためにできることを、これから考えていきましょう。

6つの崖（収入ダウン4つの崖＋見えざる2つの崖）

50歳を過ぎたら知っておきたいのが、家計上の「6つ崖」（収入ダウン4つの崖＋見えざる2つの崖）です。おおまかに5年ごとに、収入が減る出来事が訪れます。このことを想定して、老後資金の計画を立てることが必要です。

収入ダウンの崖① 役職定年（管理職定年）

55歳ごろで実質的な降格や賃下げが

・500人以上の企業の約3割が導入（※1）。9割以上は年収が下がり、約4割は年収が半分未満にダウンしています（※2）。

※1 人事院「民間企業の勤務条件制度等調査」（2017年）

※2 明治安田生活福祉研究所の調査（2018年）

収入ダウンの崖② 60歳定年（再雇用）

60歳、定年後の再雇用で給料が減額

・60～64歳男性の年間賃金は平均393万円（医療業など除く※3）。55～59歳の622万円に比べて37％も減っています。勤務先により大きく異なりますが、50代の年間賃金の半分から3分の1程度に減る可能性があります。

・雇用保険の高年齢雇用継続給付（※4）がもらえますが、穴埋めできるほどではありません。

※3　連合・賃金レポート2017（日本労働組合総連合会）。
※4　60歳以後の賃金が、60歳到達時点の賃金と比べて75％未満に低下した場合に支給される給付金。支給額は賃金に対して最大で15％の金額で、65歳になるまで受け取れる。

収入ダウンの崖③ 年金生活スタート

65歳で再雇用期間が終了、収入源が公的年金のみに

・厚生年金の受給者の平均月額の目安は男性の場合、基礎年金と合わせて年収で約200万円（※5）。配偶者がいる場合は、専業主婦の期間が長い妻の場合、目安は80万円前後です。

・年金額は、誕生月に日本年金機構から送られる「ねんきん定期便」で確認できます。

※5　2018年度ベースの金額。現役時代に給与が高かった人でもせいぜい年40～50万円多い程度。ま

た、共働きで厚生年金に入っている妻の場合、年120～180万円の範囲が一般的です（女性の給与水準が男性より低めである）。

収入ダウンの崖④　配偶者との死別

配偶者との死別で公的年金減少

・配偶者との死別により、配偶者が受け取っていた分の年金はなくなってしまいます。夫と死別した場合、残された妻に支給されるのは夫の存命中よりも約105万円少ない額です（夫の年収が500万円で妻が専業主婦の場合※6）

※6　現役時代に平均年収500万円だった夫と専業主婦の妻の家庭では、夫に先立たれると、遺族年金として支給されるのは厚生年金の4分の3（約83万円）。妻の基礎年金78万円と合計で161万円です。

見えざる2つの崖　病気・介護

自身や家族の病気や介護による収入減

・働いている家族が病気にかかったり、介護が必要な状況になり、収入が減る場合も。また、両親など親族の病気や介護で費用を負担しなければならなくなったら、支出が増えるケースもあります。

「6つの崖」

収入ダウン4つの崖

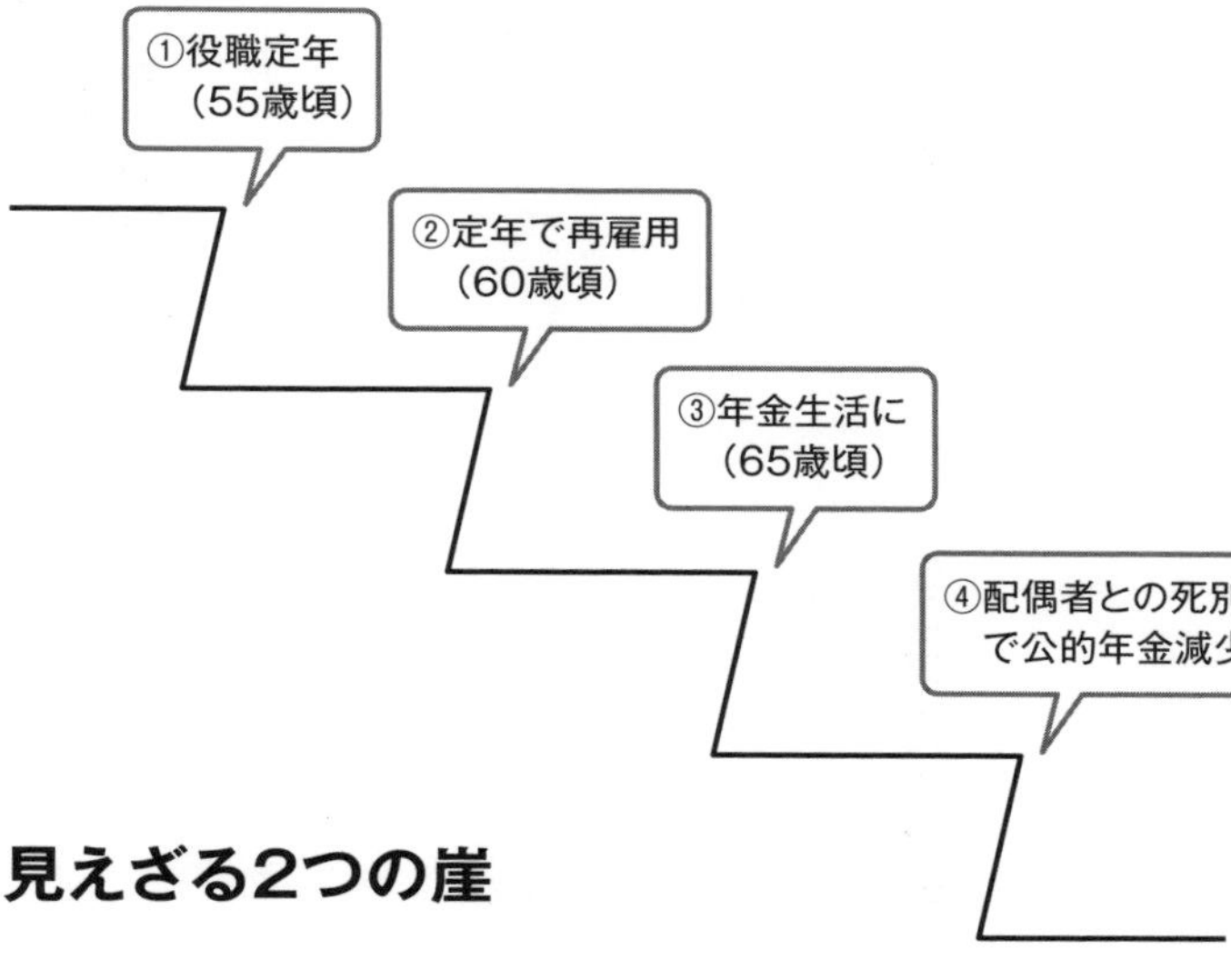

見えざる2つの崖

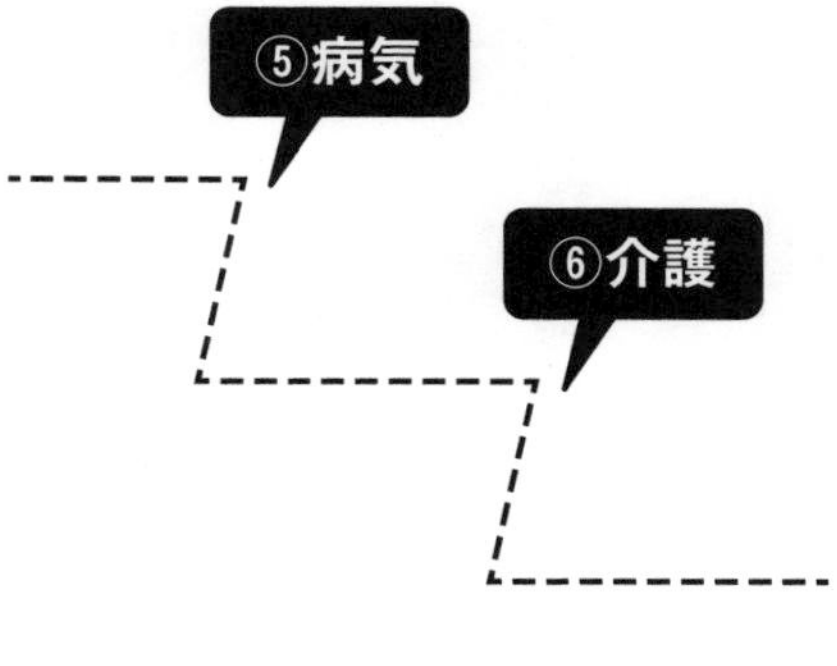

老後を迎えても、支出は減らない

家計におけるライフイベント上３大資金は、「教育資金」「住宅資金」「老後資金」です。そのうち「老後資金」については、遠い先の話のようで、イメージできないからこそ不安を感じてしまうかもしれません。具体的にいくら必要なのでしょうか？

前頁では家計上の「６つの崖」があることをお伝えしましたが、「支出」も合わせて見ていきましょう。収入と支出の差額が、将来貯めておくべき老後資金の金額になります。

夫婦２人の老後に必要な資金は、最低必要生活費で月22万円、ゆとりある生活をしたければ月36万円（※1）と言われています（図参照）。これは50代の勤労世帯の消費支出に相当します。

老後の収入である、公的年金受給額の月平均は、約20万円（※2）なので、最低限必要な生活費ですら賄えず、月２万円の赤字になってしまいます。

老後は悠々自適、旅行に行ったり、車を買い替えたり、子どもの結婚資金も援助したい……そんなゆとりを持ちたければ、さらに準備すべき老後資金は跳ね上がります。

最低必要生活費で暮らす場合

20万円／月 公的年金受給額（平均）	－	**22万円／月** 最低必要生活費	**× 24年 ＝ 約600万円不足**

ゆとりある老後の場合

20万円／月 公的年金受給額（平均）	－	**36万円／月** 50代の生活レベル	**× 24年 ＝ 約4600万円不足**

※夫はサラリーマンで65歳で退職、妻は専業主婦。平均余命24年で試算

つまり、「収入は減っても支出は減らない」と考えたほうがよいのです。

いったい、どうやって老後資金を工面すればいいのでしょうか？

40代までは子どもの教育資金や住宅資金を優先するため、老後資金どころではないかもしれません。しかし、6つの崖を下るごとに収入が減っても「トントン暮らし」ができるように、ムダな支出をなくしていくことは欠かせません。時間を味方につけて、早く取り組むほど老後はラクになります。次の項目では、その具体的な方法をご紹介します。

※1　生命保険文化センター「令和元年度生活保障に関する調査」

※2　総務省「家計調査年報（2018年）」（高齢夫婦無職世帯の家計収支）

支出を見直せば10年間で1000万円以上に！

いくら頑張って老後資金を貯めても、支出が膨らんでいる状態では、貯蓄はあっという間に目減りしてしまいます。50歳から老後資金を確実に貯め、老後も長期間にわたって使える状態にするには、ムダな出費を抑えることが欠かせません。

しかし、ひたすら我慢の節約は、ストレスが溜まるわりに長続きせず、効果が上がりづらいものです。趣味費用など、自分にとって大切な支出は守りながら、ムダな支出を抑えるには2つの鉄則があります。

支出を見直す2つの鉄則

①節約効果が高い費目の支出を見直す

次の4つの柱を見直すことで、大幅な支出の削減になります。しかも、一度見直すと節約効果がずっと続くので、ストレスもかかりません。

（1）自動車（節約見直し効果：500〜700万円）

（2）保険（節約見直し効果：360〜840万円）

（3）固定費（通信）（節約見直し効果：100〜200万円）

（4）住宅ローンの借り換え・繰り上げ返済（節約効果：100〜400万円）

それぞれのカッコ内の数字は、10年間を想定した際に、おおよそ削減できる支出額です。じつは、この4つを見直すだけで、1060〜2140万円の支出が抑えられるのです。これだけで、老後資金2000万円が半分近く、あるいはほぼ賄える計算です。

②〝一気に〟ではなく〝少しずつ〟見直す

「これはムダ」と思える支出でも、一気にカットするのではなく、時間をかけてダウンサイジングしたほうがよい費目もあります。たとえば、「晩酌代を減らせそうだ」と感じても、翌月から一気に3割減らすのではなく、1年ごとに3％ずつ減らすなど。支出のリバウンドを防ぎ、継続して効果を出すために大切なポイントです。

それぞれの具体的な見直し方法については、次の項目から詳しく述べていきます。

効果大！ 支出を見直す4つの柱①
自動車のコストを見直して500～700万円減！

自動車は想像以上に家計の金食い虫です。図のとおり1台所有すると、ガソリン代、自動車税、車検代に自動車保険代、それに加えて都市部の場合は駐車場代もかかります。使うのはせいぜい週末、買い物に行くときぐらいなのに、車を維持するコストばかりがかさんでいませんか？ ほんとうに自家用車が必要か、一度見直してみましょう。買い物や通院に車が欠かせない地域でも、ダウンサイジングは検討すべきです。普通自動車から軽自動車に買い替える、複数台持っているなら1台でも多く減らすなど。これだけで支出はかなり抑えられます。

都市部なら、車を手放しても「カーシェアリングやレンタカーを活用する」「公共機関やタクシーを使う」など選択肢が豊富にあります。運転免許を返納すれば、バスやタクシーの利用割引が受けられる地域もあります。

180万円（コンパクトカー、1500cc）の車を購入し、9年間使用する場合の一例

	月額	年額
車購入年間負担額	1万6777円	20万円
駐車場代	1万5000円	18万円
ガソリン代	5000円	6万円
自動車保険・自動車税・車検代など	約1万3333円	16万円
合計	約5万円	60万円

免許返納による特典

返納後に受け取れる「運転経歴証明書」を利用すれば、バスやタクシーの利用割引のほか、都道府県別に特典は異なりますが、例えば、東京都だと超有名ホテルから高級百貨店、日常に使えるグルメカードなど多岐にわたります。65歳以上を対象に、特典が受けられるようになっています。詳しくは警視庁ホームページ「東京都/高齢者運転免許自主返納サポート協議会加盟企業・団体の特典一覧」を参照のこと。
https://www.keishicho.metro.tokyo.jp/kotsu/jikoboshi/koreisha/shomeisho/support.html

自家用車
60万円／年

カーシェア
1回1760円 × 月8回 ＝ 約17万円／年

タクシー（バス）
タクシー1回4000円 × 月8回（＋バス）
＝ 約38万円／年

車の見直し方法

1. マイカーを手放しても生活に支障はないか？
2. カーシェアリング、レンタカーで賄えないか？
3. ダウンサイジングができないか？

効果大！ 支出を見直す4つの柱②
保険を見直して360～840万円減！

生命保険文化センターの調査（※1）によると、生命保険に加入する世帯は全体の9割近く、一世帯当たりの年間保険料は平均38万2000円（生命保険）で、40年間払い続けると、1528万円もの大金になる計算です。

医療保障も含めるともっと大きな金額になるでしょう。しかし、基本的に子どもが独立したあとは、高額な死亡保障は必要ありません。子どもが大学を卒業したら、医療保障も含め解約したり、保険金額を引き下げることを検討すべきでしょう。年間30万円以上支払っている保険料がすべて老後資金になると考えたら、どうでしょうか？

日本人が生涯にかかる医療費は1人当たり2700万円です（※2）。このうち約6割が65歳以降に集中していますから、もしもの時に備えて、医療保険の加入は欠かせないと思う方もいるかもしれません。

ですが、日本は公的健康保険の制度が充実しているため、かかった医療費を全額支払うわけではありません。医療費の自己負担額は75歳までは2割～3割、75歳以上の後期高齢者になったら原則1割負担です。

これに加えて「高額療養費制度」があります。所得により差がありますが、年収約370万～770万円以下の一般的な家庭の場合、医療費が100万円かかっても、自己負担の上限額は月額で8万7430円。たとえ医療費が1000万円かかっても、月額17万7430円の自己負担の上限額ですみます。

なお、会社員、公務員の場合、加入の健康保険によっては「付加給付」といって、さらに上乗せ給付を受けられる場合があります。例えば、大手企業の健保組合は、収入の多寡に関係なく「1ヵ月の自己負担額は2万円」というところもあります。

入院が長期化すれば月々9万円といえども負担になる、と心配する方もいますが、近年は入院が短期化していて、半数以上は10日以内で退院しています（※3）。大手生命保険会社の一般的な医療保険では、入院給付日額5000円、手術給付10万円が給付されますが、10日間入院しても5万円。保険料を貯蓄に回していれば十分に賄えます。

日本人の死因第1位、死因全体の3割を占める「がん」になった場合のことも考えてみましょう。**ある大手生命保険会社が、がん患者を対象に実施した調査では、かかった治療費について、約7割の人が「50万円程度」または「100万円程度」と回答しました。**すでに100万円程度の余裕資金がある人は、保険適用の治療のみ利用するのであれば、健康保険と高額療養費制度を活用すれば医療保険は不要と思ってよいでしょう。

なお、「お宝保険」（生命保険）は残すようにしましょう。バブル経済のころに契約した保険には、予定利率が高く有利なものもあるからです。わたしの場合は、バブル期にお宝保険を契約（予定利率5・5％）していたので、貯蓄部分は解約せず残しました。

※1　生命保険文化センター「平成30年度生命保険に関する全国実態調査」
※2　厚生労働省による生涯医療費推計値（平成27年度）
※3　厚生労働省「平成29年（2017）患者調査の概況」

高額療養費制度を使えば自己負担額が安くなる

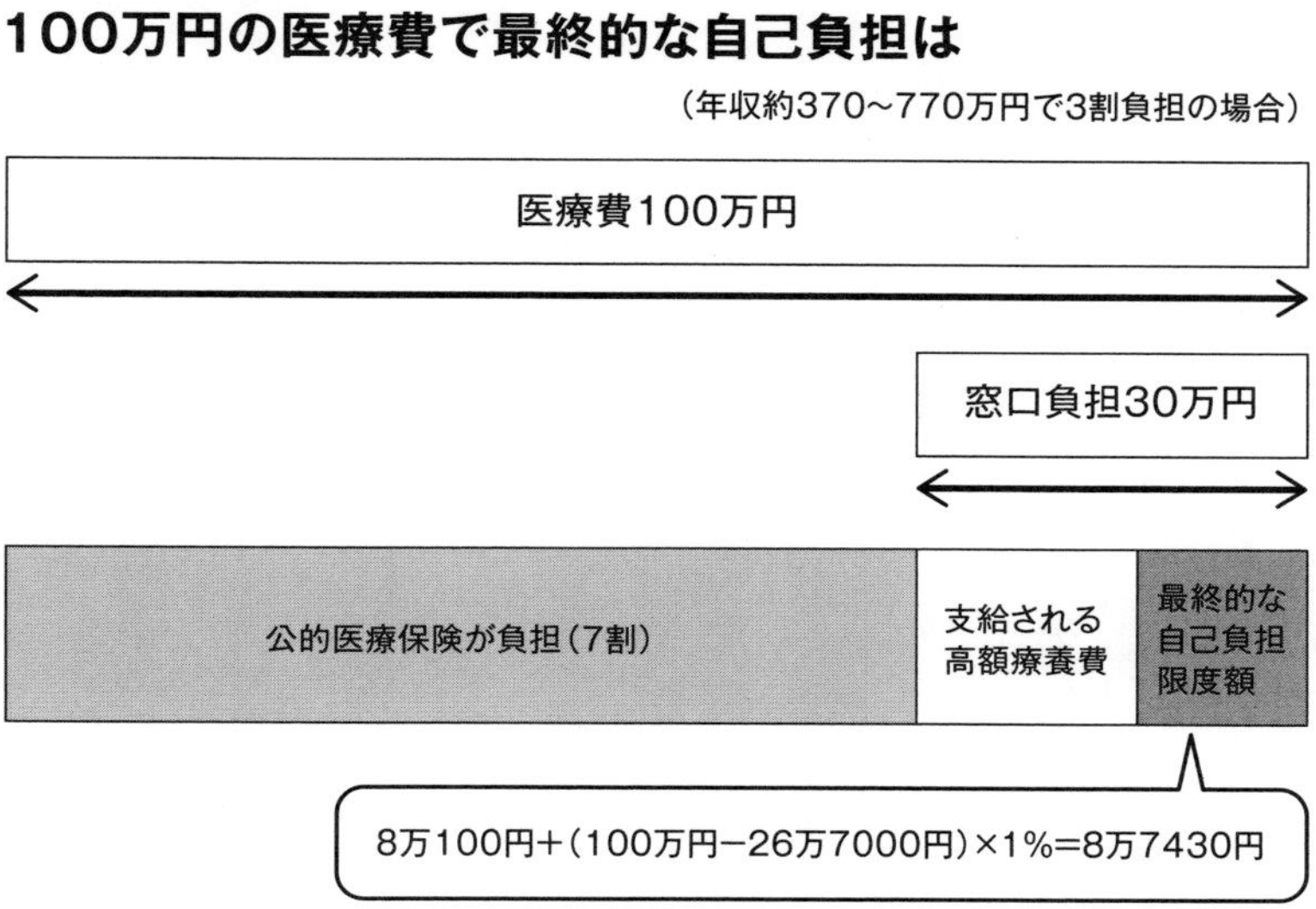

入院日数は、短期化の傾向に 入院の半分以上は10日以内

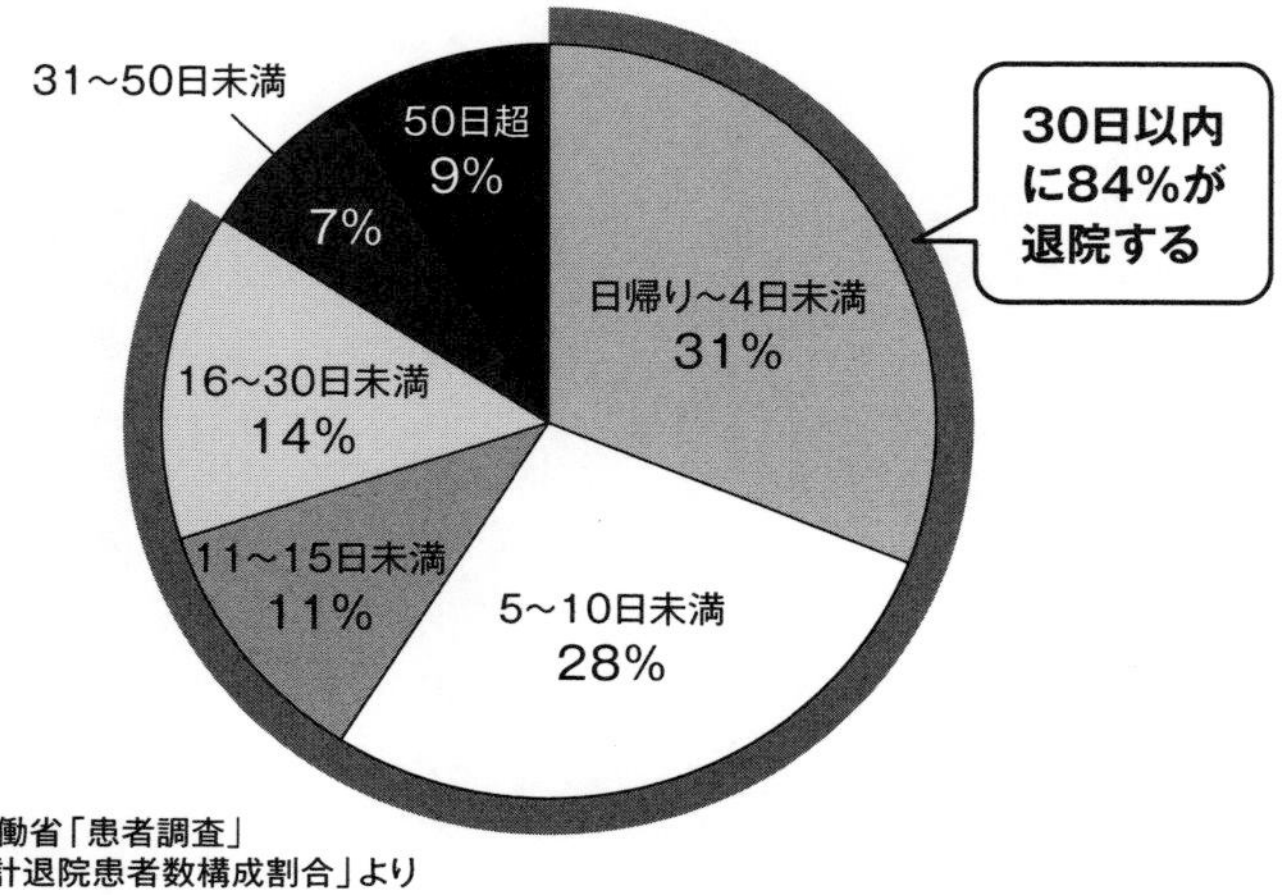

2017年厚生労働省「患者調査」
「在院期間別推計退院患者数構成割合」より

効果大！　支出を見直す4つの柱③
固定費を見直せば100～200万円の老後資金に！

自動車や保険といった大型の支出だけでなく、家庭内にはほかにも見直せる支出項目があります。まずは、毎月当たり前のように支払っている固定費を見直してみましょう。同時に水道光熱費など工夫して少しずつ見直せる項目も考えていきましょう。

通信費を見直す

①固定電話を節約して10年間で20万円の支出減

ここ1週間で、固定電話が鳴った日はありますか？　携帯電話やスマートフォンを持っていて、ほとんど固定電話を使っていない状態であれば、解約してしまうのがおすすめです。

固定電話の月々の基本料金は1700円（税別、NTTの場合）です。解約すると、年間

2万4000円、10年間で20万4000円の支出を抑えられます。

②格安スマホに乗り換えて、10年間で100万円の支出減

携帯電話・スマートフォンは、こだわりや必要性がなければ格安スマホに乗り換えるのがおすすめです。夫婦2人が大手キャリアから格安スマホに乗り換えると、約100万円（＝8000円×12カ月×10年）ほどの支出減になるでしょう。

格安スマホはインターネット以外にも、ショッピングモールなどに直営店舗があったり、家電量販店で申し込みができるところもあります。

工夫して少しずつ見直す

①月々の水道光熱費を約2000円減らし、10年間で24万円支出減

高齢夫婦無職世帯の場合の水道光熱費の平均は、1万9905円（電気代：9578円、ガス代：4245円、上下水道料：4336円）です（※）。

水道光熱費は家族が1人増えるごとに月2000円程度増えると言われています。あくまでもデータですが、平均を大きく上回っているようであれば、何か原因がないか振り返ってみることです。水道光熱費は「労力がかかる割に減らせる額は小さい」と言われますが、一度定着すれば継続的に支出が抑えられます。

また、光熱費（電気とガス）の会社を、電力会社やガス会社どちらかの一社にまとめる、ネットとスマホをまとめる、省エネ商品を取り入れる（照明をＬＥＤに交換する）といった方法も考えてみましょう。

②その他

クレジットカードの会費、スポーツクラブの会費、資格団体の年会費など、ほとんど使っていないものがあれば解約を検討しましょう。

また、ほとんどの電子マネーやクレジットカードは、利用すればするほどポイントが貯まる（還元）サービスがあるので、利用するとお得です。ただし、その特徴や注意点をよく理解したうえで利用しましょう。

※　総務省「家計調査年報」（２０１８年）

高齢夫婦無職世帯の家計収支

(夫65歳以上、妻60歳以上の夫婦のみの無職世帯)

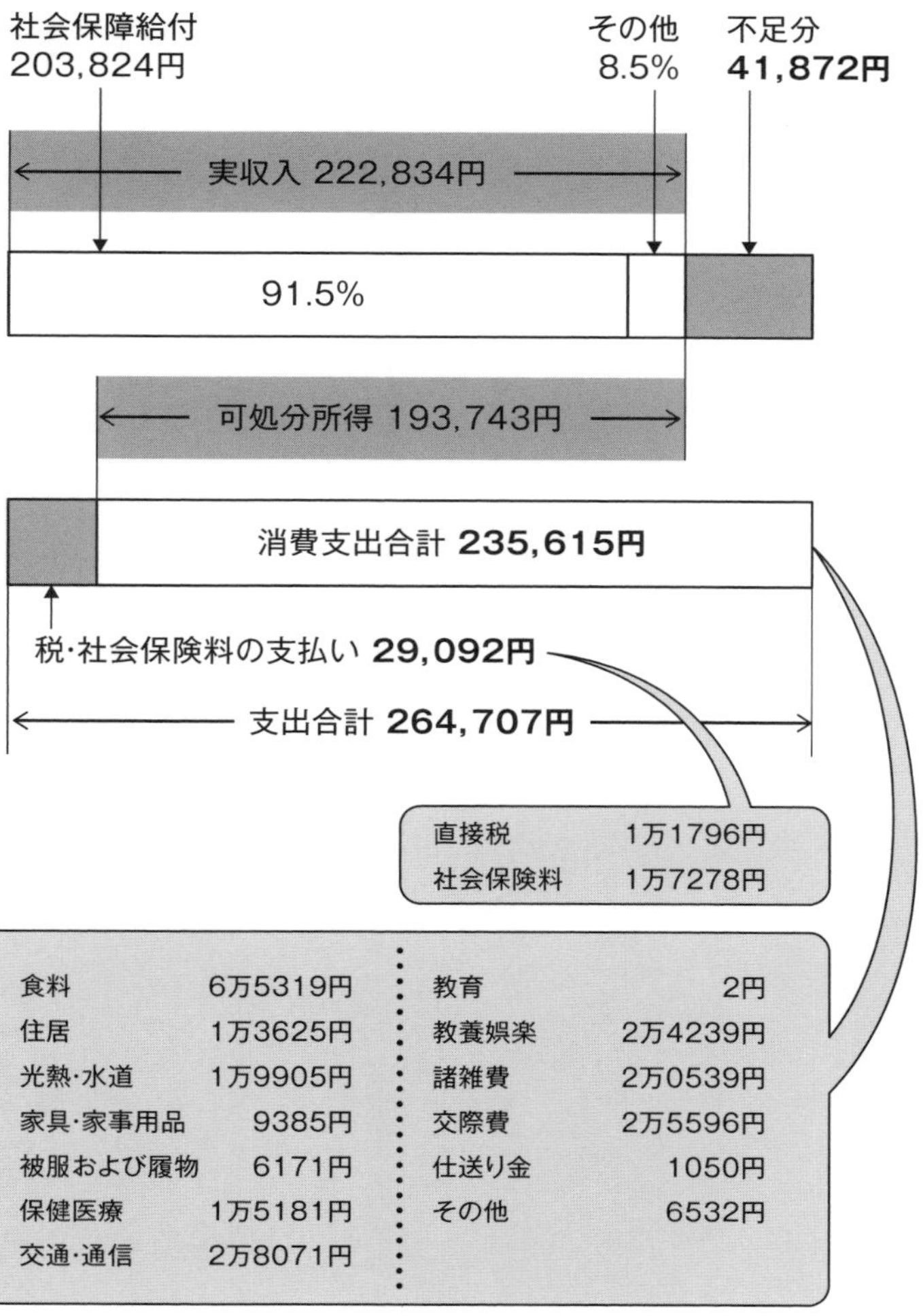

(出所)総務省「家計調査年報(2018年)」を基に作成

効果大！　支出を見直す4つの柱④
住宅ローンの借り換え・繰り上げ返済で100〜400万円減！

老後の生活の安心を得るには、住宅ローンを年金生活が始まる前に完済するのが基本です。このことは、老後資金を貯めることと同じくらい重要です。

なぜなら、35年ローンは「35年間、継続して今以上の収入がある」ということを前提にしているからです。なんとも危うい前提です。

住宅ローンを借りる当初は「繰り上げ返済できるだろう」「退職金で一括返済すればいい」と深く考えないものです。ところが、固定資産税、マンションなら管理費・修繕積立金など、返済以外の住居費の負担が予想以上に重いのです。

また、自分がいくら退職金をもらえるか知っている人は少ないです。多くの人が「いくらもらえるかわからない退職金で、いくら残っているかわからないローンを返そうとしている」わけです。

60歳時点で1000万円以上の住宅ローン残高があると、「老後貧乏」になる可能性は高いです。退職金で繰り上げ返済してしまうと、老後資金が減ってしまうからです。

繰り返し述べているように、年金（20万円／月）だけでは最低限の生活費（22万円／月）を下回っているのです。老後資金を減らすことは危険です。住宅ローン（全国平均の返済額9万円／月）が残っていると丸々支出に上乗せされます。住宅ローンは60歳までに完済、遅くとも65歳完済をめざしましょう。

住宅ローンの「借り換え」について具体的に見てみましょう。

借り換え効果のある人の目安は、「金利差1・0％以上」「ローン残高1000万円以上」「残存返済期間10年以上」で、この3つに当てはまる人は借り換えを考える価値はあるかもしれません。検討してみましょう。

たとえば、図の条件で住宅ローンを借り換えした場合、軽減できる利息額は、「約346万円」となります。なお、借り換えをすると費用が発生しますが、手数料などが約50万円とすると、実質の軽減できる額は、約296万円となります。

「フラット35」の金利は2020年3月時点で1・24％のものもあります。しかし、半数以

住宅ローン「借り換え」による利息額軽減例

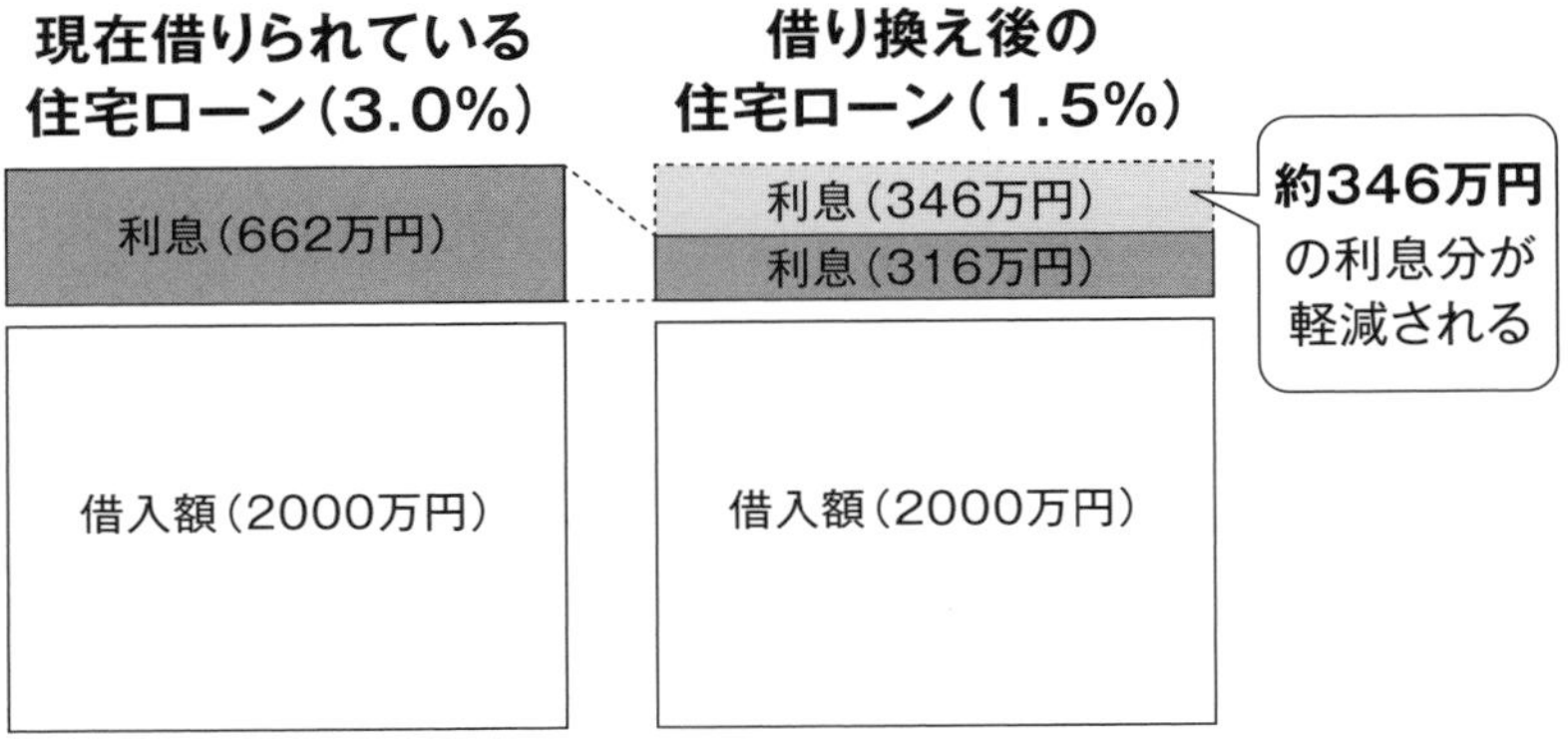

現在
住宅ローン残高:2000万円
金利:3.0%
残返済期間:20年
今後の総返済額:約2662万円（利息総額約662万円）

借り換え後
金利:1.5%
今後の総返済額:約2316万円（利息総額約316万円）

なぜ借り換えをしないのか、の理由について

- **「借り換えをする理由が特にないから」（47.1%）**
- **「手数料がかかるから」（32.9%）**
- **「手続きが面倒そうだから」（31.2%）**
- **「どの金融機関にしたらいいかわからないから」（14.1%）**
- **「忙しくて時間がないから」（12.7%）**
- **「住宅ローンの借り換えができるということを知らないから」（1.4%）**

上の人が「手数料」「面倒」といった理由で借り換えをおこなっていない（借り換え未経験者）のが現状です。

また、手持ち資金に余裕がある人は、もうひとつの手段として、「繰り上げ返済」という方法もありますので検討し、利息を極力減らしましょう。なお、「団体信用生命保険頼み」で返済を先延ばしするのはＮＧです。いずれの方法にしても、住宅ローン控除なども含め、メリット、デメリットを知ったうえで選びましょう。

第一部まとめ

□50代から「6つの崖」が待ち受けている
□老後の生活に必要な資金は最低22万円／月、ゆとりある生活には36万円／月がかかる
□「自動車」「保険」「固定費（通信）」「住宅ローンの借り換え繰り上げ返済」の見直しで10年間で1000万円以上を捻出する

第二部
絶対失敗できない!
シニアのキャリアサバイバル術

はぁ――……
おぉ～水上じゃないか!
……、
カミムラ お前……どうするんだ?

会社一筋に尽くして
挙句の果てに
この仕打ちか……
ひどすぎるぜ
早期退職者募集
以前に早期退職して
起業した先輩の
話なんだが……
前々から
興味のあった
社労士の
仕事をしようと
猛勉強して
資格を取ったらしい

意気揚々と赤坂に事務所を構えたんだが――
ふたを開けてみたら客1人来ない

給料は
激減どころかゼロで
経費がかかり
逆にマイナス
借金
事務所を
すぐに
閉じたらしい

サラリーマンの俺たちに
独立なんて無理だ
悔しいが転職してやる！
こんな会社とは
おさらばだ！
ビリ!!
ビリ!!
これまでサラリーマンを
してきたんだ
1社くらい
求められる働き口が
あるだろう

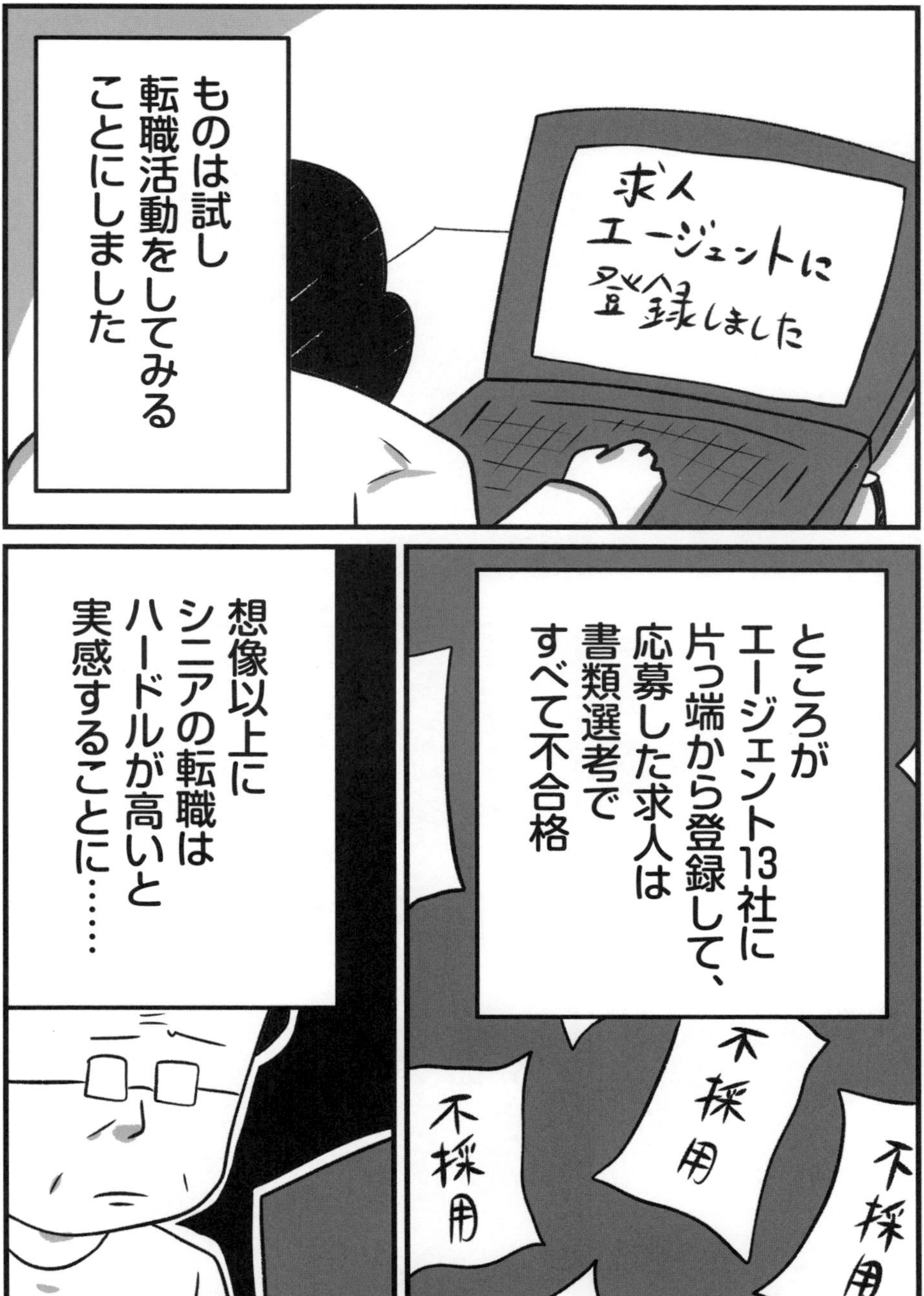
ものは試し転職活動をしてみることにしました
求人エージェントに登録しました
ところがエージェント13社に片っ端から登録して、応募した求人は書類選考ですべて不合格
不採用
不採用
不採用
想像以上にシニアの転職はハードルが高いと実感することに……

これほどまで
社会に求められて
いないとは……
アライ、その荷物
お前……
まさか？
あぁ
そのまさかだよ

や、辞めるのか？
そうさ、これからは好きなギターを存分に弾くんだ
お前もさっさと辞めてしまえ自由気ままに生きるのはラクだぞ〜
うらやましいなぁ決断できる奴は……

なぁ、どう思う？
あなたが生きたいと思う道を進むのがいいんじゃない？
……
そういえば、アライさん家でギターばかり弾いてるから6カ月で奥さんから働けって言われて、今転職活動してるらしいわよ

50代からのキャリアチェンジで失敗は絶対に許されない
転職に起業早期退職いろんな道があるなぁ……

なかなか次の
キャリアに踏み切れず
早期退職と会社に
残ったときについて
シミュレーションを
してみることに——

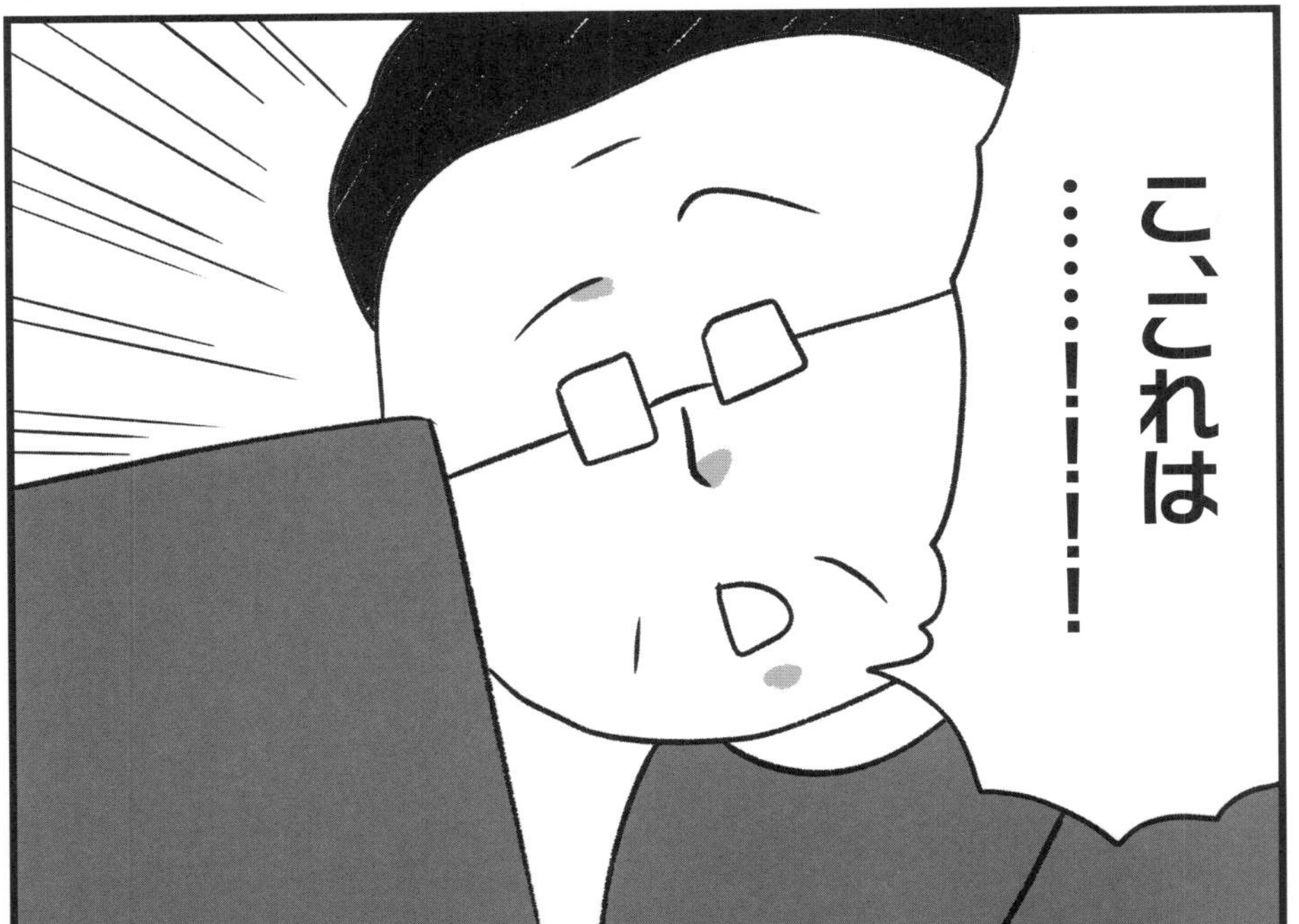
こ、これは……!!!!!

水上さん、
今日終わったら
1杯どうです?
いやいや!!
帰ってからも
やることがありました
す、すみません!
そうですか……

では、お先に失礼しまーす
よし、やるか

再雇用では大幅に収入が
減るがそれでも
会社に残ったほうが
お得なことがわかり、
FPの勉強を続けて
ブログを開設
定年までに知って
得するお金の話
すると業界紙から
「執筆」「セミナー」依頼が
舞い込み始めたのです

皆さん、会社一筋で
38年間よく頑張ってくれました
今までお疲れ様でした

今日で定年退職。雇用の延長をしてもらえるなんてありがたいな
こんな老人、どこも雇ってくれないからな
ハハハ、そうだぞ～みんな会社の温情に感謝しろよ～
……

振り返ってみれば、あっけない幕切れだな〜
お前、これからどうするよ？
雇用延長に決まってるだろー

まっ、給料をもらえるうちは
会社にいたほうが得だよ
なぁ、水上
……俺はしない
えっ？

フルタイム契約はしない！
……
な、何言ってるんだよ！
あ、あぁ……会社にぶら下がり続けるしかないんだぞ

独立の準備を始める年金だけじゃ、やっていけないからな
だからこそ、少しでも会社で稼がせてもらって、老後資金を貯めるんだよ！
遠慮すんな！これまで会社に尽くしてきたんだ
バチなんて当たらないぞ！

いや、時短勤務にさせてもらう
勉強する時間が欲しいんだ
給料が減るんだぞ
おいおい、酔ってるのか？
じゃ、帰ってブログを
書かないといけないから
あっ！　水上！

シニアのキャリアチェンジは
絶対に失敗できません
再雇用
起業
転職

定年
再雇用
退職後の準備
再雇用のうえで
退職後の準備をするのが
正解だと悟ったのです

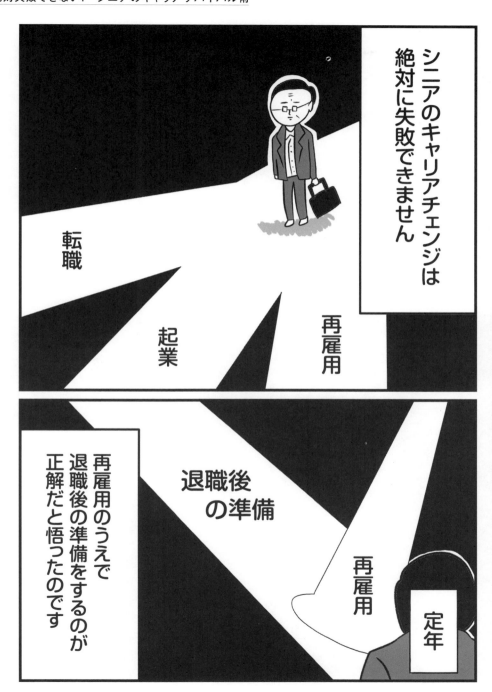

継続雇用、転職、起業、60歳過ぎたらどうする？

日本人の平均寿命は男性が81・25歳、女性が87・32歳（2018年）、この先、もっと延びるかもしれません。長寿の時代になった反面、長生きにはお金もかかります。

最近では、「老後破産」「下流老人」という言葉も流行しています。第一部で紹介した「6つの崖」に加え、リストラ、投資の失敗、あるいは退職金が思ったより少なかったなど、想定外に収入が少なくなる場合があります。老後破産を引き起こす原因は、さまざまなところに潜んでいるのです。

これらは誰にでも起こりうる問題ですが、きちんと対策をすれば老後破産にはなりません。

60歳を迎えたとき、あなたには次の4つの選択肢があります。

60歳以降、4つの選択肢

①継続雇用してもらう
②ほかの会社へ転職する
③独立起業する
④退職して老後を過ごす

この4つの選択肢のうち、もっとも一般的な選択肢は、①継続雇用でしょうか。第一部でもご紹介したとおり「高齢者雇用安定法」により、60歳以降も会社で働くのはサラリーマンの「権利」となりました。企業には65歳までの雇用義務があります。今後、定年はさらに延長され、70歳まで就業機会を確保することが、企業の努力義務になるという話もあります。

時流に乗って、継続雇用の道を選ぶのが最善の道か。それとも転職か、思い切って起業するか。60歳を迎えてから「さて、今後はどうしよう」と考え出したのでは遅すぎます。どの道が、シニアのキャリアサバイバルとして、あなたにとって最良の選択肢か検証していきましょう。

シニアのキャリアサバイバル術①継続雇用
同じ会社に勤め続けるメリットは大きい

高齢者雇用安定法により、60歳以降も会社で働くのはサラリーマンの「権利」となったことは、先ほどお伝えしました。

継続雇用を選択すれば、「慣れた仕事なのでストレスがあまりない」「時間や業績に追われなくなる」メリットがあるのは事実です。

実際に60歳で定年を迎える会社員の8割以上が継続雇用を希望します。継続雇用はメリットもたくさんありますから、わたしも会社に残れるうちは、残ることをおすすめます。しかし、「制度があるから、65歳までは何もしなくても大丈夫。会社で働いてお給料をもらえるから安心」と、安易に過ごすのは危険です。

継続雇用者の年間給与の水準

（定年到達時の年間給与を100とした場合）

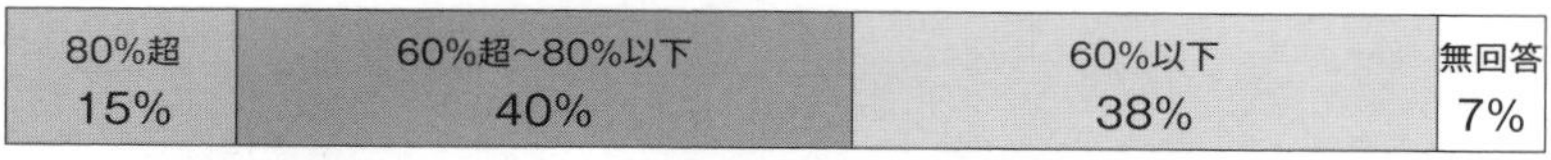

（出所）独立行政法人労働政策研究・研修機構（企業調査）「高年齢社員や有期契約社員の法改正後の活用状況に関する調査」（平成26年）を基に作成

定年後（60代前半）の年収

（継続雇用フルタイム勤務の場合）

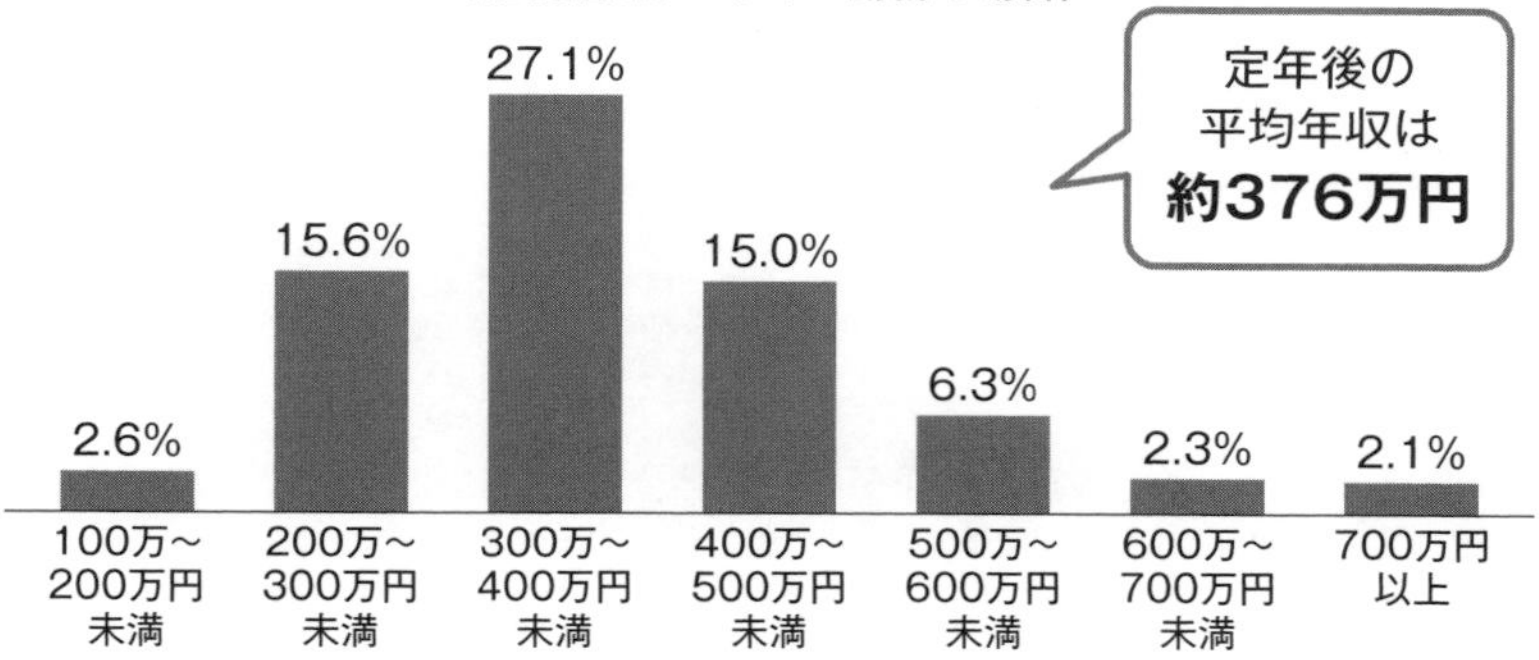

（出所）独立行政法人労働政策研究・研修機構「高齢者の雇用に関する調査（企業調査）」（2016年）を基に作成

継続雇用には、大きく分けて2種類あります。①勤務延長（退職せず雇用を継続）②再雇用（退職して再雇用）です。多くの企業が採用しているのは、②の再雇用制度です。これは定年年齢に達した労働者が、一度は退職の形を取り、定年後に新たに雇用契約を結ぶというものです。

また、継続雇用になると、約4割の方が60%以下の賃金となり、定年後の平均年収は376・7万円。

会社は、65歳雇用延長によって増加する総人件費を抑制するため現役社員の賃金カーブの上がり方を抑えています。さらに、60歳超えの人に対しては、役職をなくし、一兵卒として働かせて給料は大幅カット、非正規社員での雇

再雇用か再就職（非正規）で「年金と保険」がこれだけ変わる

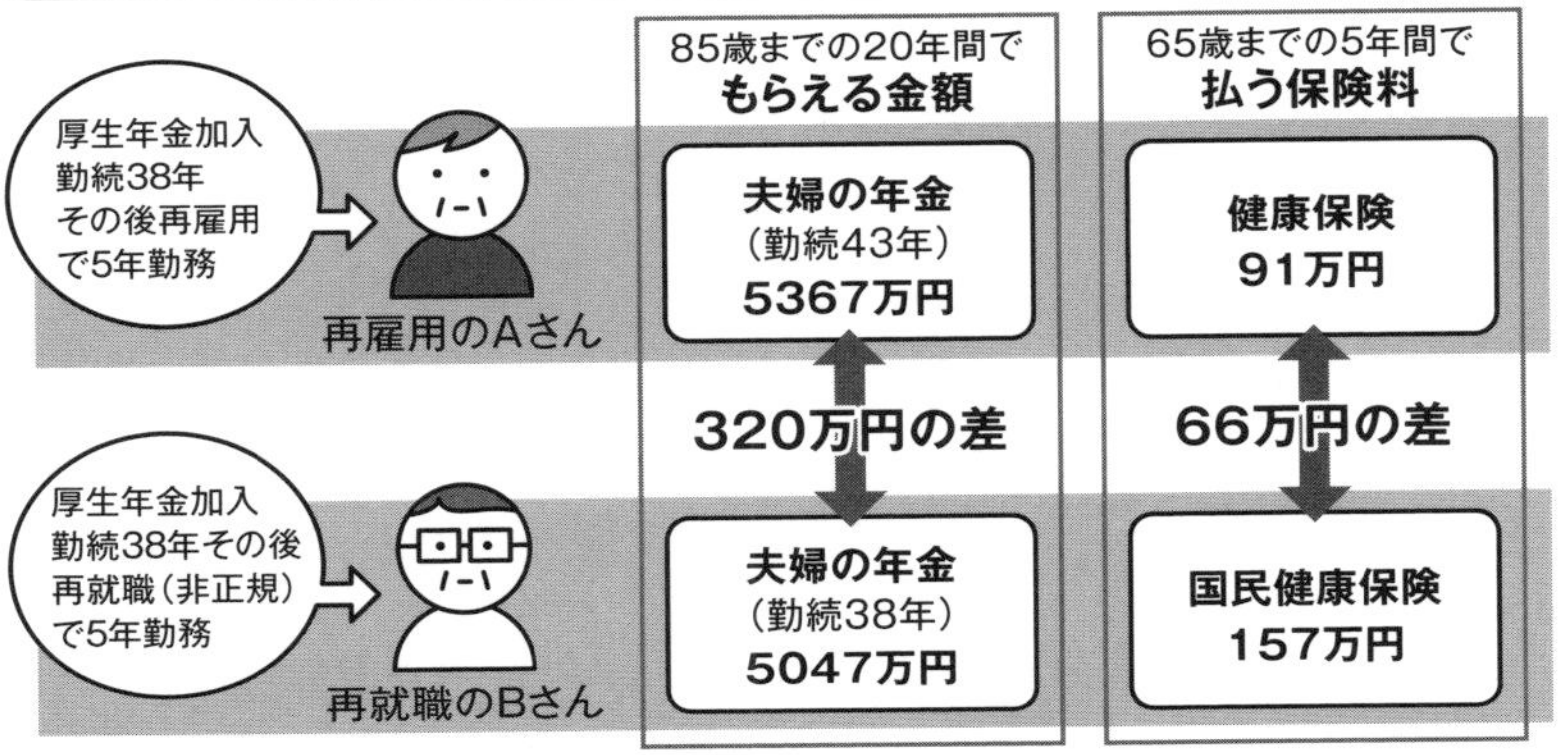

（注）夫の現役時代の平均年収は500万円。妻は専業主婦で2歳年下（基礎年金は20歳から加入）。再雇用と再就職（非正規）の年収は同じ300万円。厚生年金の計算方法:平均標準報酬額×5.481／1000×加入月数で試算。基礎年金の計算方法:78万円×納付月数／480ヵ月で試算。国民健康保険は、東京都某区で計算。概算

用や仕事、勤務場所をガラリと変えることもあります。

また、現役社員からは、「働かないおじさん」と見られていることも多々あります。

つまり、シニア社員というだけで煙たがられることが多いのです。

近年は再雇用で週3日のパート勤務などにして、労働時間を20時間未満に抑えてしまう、いわゆる「ブラック再雇用」のような状況もあります。収入が半分以下に減るうえ、厚生年金や健康保険も加入できないという悲惨な状況が待ち受けているわけです。

多くの再雇用者は、「40年近く真面目に勤めてきたのにこの扱いか」と、へそを曲げて、会社を辞めることも考える人も出てきます。

ただし、**再雇用で賃金が下がっても、周りから冷たい扱いをされても、転職や独立を考えるのは早計です。厚生年金や健康保険などを含めて考えると、一概に悪条件ともいえないのです**（図参照）。

ぶら下がりシニアが「社内で生き残るための要件」

①人は見た目が9割（若々しくあれ）

②口癖は「ありがとう」

③職場の人には「くん」付けは厳禁。すべて「さん」付けで呼ぶ。

④昔の話を持ち出して「自慢」や「説教」はNG

⑤「それは俺のやる仕事ではない」は禁句

⑥「その仕事ができるのは自分しかいない」の状態を作るのがベスト

また、「60歳以降、次は新天地で働きたい」と再雇用は断ってみたものの、なかなか希望する職種や賃金での正社員の仕事は見つからず、不本意ながら非正規の仕事に就くしかなかったというケースは多いのです。実際、55歳以上の就職口は警備、介護、清掃、アシスタントなどの募集がメインで、最低賃金に近い採用になる場合もあります。

メリットとデメリットを秤にかければ、再雇用で会社に居続ける選択肢は、決して悪いものではありません。ただし、65歳までの5年間、会社にぶら下がっているだけでは、退職を迎えたときに気力・体力も低下して、新しいことはもう何もできなくなります。

65歳以降の自分のために、何ができるか。それを考えながら過ごすことは欠かせません。起業を考えている方には91ページで再雇用時からできる準備について触れていますから、合わせてご覧ください。

シニアのキャリアサバイバル術②転職～決断編～
「転職」は3つの優先順位に従って決断する

60歳で定年を迎えたら退職し、ほかの会社に再就職するという選択肢も、もちろんあります。しかし、次のように「不満解消」や「現実逃避」で、焦って転職を決めるのはNGです。

転職を避けたほうがよい場合

- 現在の仕事内容、職場の人間関係、給料に不満がある
- シニアからの新たな仕事に逃げ腰になっている
- なんとなく単なる憧れで転職したいという思いをもっている
- シニア社員のため、職場に居づらい雰囲気があると感じている

転職を考える人は、まずは「自分はなぜ転職をしたいのか」「どうしてもやりたいことがあ

るのか」といった点を、客観的かつ素直な気持ちで見つめ直すことです。そのうえで、定年前から人脈を築いたり、スキルを磨き、転職を成功させるために準備しておく必要があります。

実際にスキルや経験を活かして転職したとしても、業務内容や企業規模の違いからくるカルチャーギャップから力を発揮できなかったり、根回しなどの組織力学のツボを把握するまで、我慢の時期が必要です。まったく新しい環境で一から仕事を覚えることは、シニアには大きなリスクでもあるのです。

転職で成功する人は「転職で最悪のことも覚悟していたが、具体的にやりたいことがあり、今の職場では難しいのでステージを替えることが必要と考えた」という明確で前向きな理由をもっていることが多く、「覚悟して転職したので、転職後の試練を乗り越えることができた」という点でも共通しています。

転職は絶対的な正解があるものではなく、あくまで自分自身の価値観の問題ですが、リスクとリターンを見極めて、次の３つの優先順位に従って決断するのがおすすめです。

転職を決断する3つの優先順位

①したいことができる
②自分の人生を大事にする
③リスクを考える

COLUMN

早期退職の損得勘定について

早期退職をするとどうなるのか？　実際に試算してみました。

①生涯収入が減る

割増退職金が支給されるような場合でも、生涯収入、退職金や厚生年金の減収分総計は、カバーできないケースが多い。

②公的年金保険料を負担しなければならない

厚生年金は早期退職したときに、その後再就職しなければ、加入期間が早めに終わるだけですが、国民年金は、早期退職した場合でも60歳までは第１号被保険者として保険料（月１万6540円）を納付しなければなりません。

③健康保険料の負担が増える

これまで、会社が保険料を半分負担し、手厚い補助もあった健康保険が様変わりします。保険料は全額負担となり、国民健康保険に移る時期が早まります。

早期退職した場合、定年まで会社に残った場合の生涯年収や将来の受け取る年金に関して絶対額を比較すると損になります。

なお、このマイナスの総額を、老後資金とは別口で用意できるなら、早期退職に踏み切れると言われています。

一方会社に残っても、降格、出向、転籍、転勤、未経験・不向き部門への異動などのリスクが発生します。

何よりも誤算は、転職活動が長期化し、再就職が決まらないことです。実際、退職後６ヵ月が過ぎてくると、時間の経過とともに、給料も前職の水準より２～３割減は当たり前となり、５割減という話も珍しくありません。

さらに深刻なことは、会社生活をしていたときの生活ペースは崩れ、気力、体力とも落ちてしまうことです。あまりに多くの書類選考、面接に落ち続けると、自信を失ってしまいかねません。

こうしたこともトータルで考えて、早期退職をよく考えてみることです。少なくとも、次の再就職先を決めずに会社を辞めることは、避けたほうがいいでしょう。

シニアのキャリアサバイバル術③転職～実行編～
50代と60代の転職市場は違う

企業選びから応募、面接、内定後に転職先を決めるまでのステップを3つご紹介します。

ステップ1　応募　50代と60代の転職市場の違いを理解する

60代で転職先が見つかるか不安な方もいるでしょうが、50代と60代とでは転職市場がまったく異なります。50代はビジネスパーソンとしてまだ稼ぐ時期です。年収ベースも高いものの、競う相手は30代や40代で、年齢的に不利になりがちです。

一方、60代は転職市場でも再雇用枠で、給料の相場も決まっています。つまり、競う相手は同じ60代なのです。実際にわたしも50代のころは箸にも棒にも掛からなかったのが、60代になって2社からスカウトメールがあり、トントン拍子に2つの内定をいただきました。

転職活動を始めるにあたり、まずクリアすべき3つの点があります。

・求められること（MUST）→企業側からの要求

・やりたいこと（WILL）→応募側の希望

・できること（CAN）→応募側のスキル

この3つの項目を明確にするとよい自己PRになり、希望の企業からの内定に近づきます。

ステップ2　応募～面接　少しでも気になる企業は面接を重ねる

気になる会社は何社か同時進行で応募し、比較検討しながら転職活動を続けるのがおすすめです。面接はだいたい2、3回あります。チャンスを逃がさないためにも、また、入社後のミスマッチを防ぐためにも、ある程度興味があれば最終面接までは進めていきます。

ステップ3　内定～転職先決定　迷ったら辞退する勇気も必要

内定が出たあとの回答期限は1週間程度、思った以上に時間の猶予はありません。ほんとうに入りたい会社から内定をもらえば、迷いは一切発生せず、入社を即決できるものです。

苦労して内定を取ると「自分を必要としてくれているんだし」「辞退すると後悔するかもしれない」など自分を無理に納得させ、入社に踏み切る人が多いのです。

もちろん、世の中に、自分の望みすべてが実現する会社は存在しません。しかし、半ば勢いで入社すると、失敗に終わる確率が極めて高いと言われています。どうしても自分の中で入社を決断できない場合は、辞退も含め大きな視点で考える必要があります。

アチーブメント出版　書籍ご案内

http://www.achibook.co.jp

薬に頼らず血圧を下げる方法

25万部突破！

加藤雅俊／著

血圧を下げるのに、降圧剤も減塩もいらない！　薬剤師・体内環境師の著者が教える、たった1分の「降圧ツボ」と1日5分の「降圧ストレッチ」で血圧を下げた人が続々！　血管を柔軟に、肺活量をアップして、高血圧体質を改善する方法。

◆対象：高血圧の人、減塩食や降圧剤に嫌気がさしている人

ISBN978-4-86643-005-8　B6変形判・並製本・192頁　本体1,200円＋税

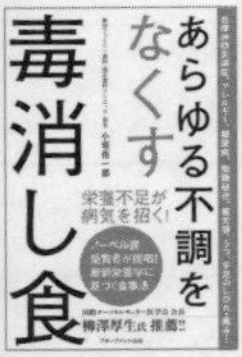

あらゆる不調をなくす毒消し食

5万部突破！

小垣 佑一郎／著

ノーベル賞受賞者が提唱した最新栄養学に基づく食事法。国際オーソモレキュラー医学会会長柳澤厚生氏推薦！　食べ物を変えるだけで細胞からみるみる元気になれる！　２５０００人が実践したデトックス食事術です。

◆対象：食事で健康を保ちたい人、体の不調が気になる人

ISBN978-4-86643-049-2　B6変形判・並製本・328頁　本体1,400円＋税

みるみるやせる・血糖値が下がる
最強の糖質制限ガイドブック

水野雅登／著

「糖質制限しているのにやせない…」「どうしても続けられない！」人も、いくつかのコツを抑えれば、糖質制限を無理なく続けてダイエットや健康を取り戻すことが可能！　生涯、健康でいられる最強の栄養療法を伝授する一冊。

◆対象：ダイエットをしたい人、糖質制限の正しい知識を知りたい人

ISBN978-4-86643-056-0　A5判・並製本・152頁　本体1,200円＋税

妊娠率8割　10秒妊活

くろせまき／著

2万人の妊産婦をケアする
日本一出産する病院の助産師が明かす
日本一手軽な妊活法

◆対象：子どもが欲しい人、妊娠しやすい体に整えておきたい人

ISBN978-4-86643-051-5　A5判・並製本・144頁　本体1,300円＋税

藤川徳美／著

薬に頼らず
子どもの多動・学習障害をなくす方法

かんしゃく、無気力、朝起きられない、勉強についていけない……といった「困りごと」や、ＡＤＨＤや学習障害、自閉症などの発達障害は、質的栄養失調が原因だった！心と体が不安定な子どもを薬に頼らず改善させる、食事のとり方がわかる一冊。

◆対象：子どもの不調が気になる人、子どもの心と体を食事で健康にしたい人

ISBN978-4-86643-059-1　四六判・並製本・208頁　本体1,300円＋税

〒141-0031　東京都品川区西五反田2-19-2 荒久ビル４F
TEL 03-5719-5503 ／ FAX 03-5719-5513
[公式ツイッター]@achibook
[公式フェイスブックページ]http://www.facebook.com/achibook

食べる投資

満尾 正／著

最新の栄養学に基づく食事で、ストレスに負けない精神力、冴えわたる思考力、不調、痛み、病気と無縁の健康な体という最高のリターンを得る方法。ハーバードで栄養学を研究し、日本初のアンチエイジング専門クリニックを開設した医師が送る食事術。

◆対象：日々の生活や仕事のパフォーマンスを上げたい人

ISBN978-4-86643-062-1　四六判・並製本・200 頁　本体 1350 円 + 税

超・達成思考

青木仁志／著

成功者が続出！ 倒産寸前から一年で経常利益が 5 倍に。一億円の借金を、家事と育児を両立しながら完済。これまで 40 万人を研修してきたトップトレーナーによる、28 年間続く日本一の目標達成講座のエッセンスを大公開。

◆対象：仕事、人間関係、お金など悩みがあり、人生をより良くしたい人

ISBN978-4-86643-063-8　四六判・並製本・168 頁　本体 1350 円 + 税

産科医が教える

赤ちゃんのための妊婦食

宗田哲男／著

妊娠準備期から妊娠期、産後、育児期の正しい栄養がわかる一冊。命の誕生のとき、人間の体にとって本当に必要な栄養とは何か？　科学的な根拠を元に、世界で初めて「胎児のエネルギーはケトン体」ということを発見した、産科医が教える。

◆対象：妊娠中の人、妊娠を考えている人

ISBN978-4-86643-064-5　A5 判・並製本・312 頁　本体 1600 円 + 税

新版　愛して学んで仕事して
～女性の新しい生き方を実現する 66 のヒント～

佐藤綾子／著

400 万人に影響を与えた日本一のパフォーマンス心理学者が科学的データを基に渾身でつづった、自分らしく人生を充実させる 66 の方法。

◆対象：生活・仕事をもっと効率化したい人

ISBN978-4-86643-058-4　四六判・並製本・224 頁　本体 1, 300 円＋税

人生 100 年時代の稼ぎ方

勝間和代、久保明彦、和田裕美／著

人生 100 年時代の中で、力強く稼ぎ続けるために必要な知識と概念、思考について、３人の稼ぐプロフェッショナルが語る一冊。お金と仕事の不安から無縁になる、時代に負けずに稼ぎ続けるための人生戦略がわかります。

◆対象：仕事・お金・老後に不安がある人、よりよい働き方を模索する人

ISBN978-4-86643-050-8　四六判・並製本・204 頁　本体 1, 350 円＋税

グラッサー博士の選択理論　**全米ベストセラー！**

～幸せな人間関係を築くために～

ウイリアム・グラッサー／著
柿谷正期／訳

「すべての感情と行動は自らが選び取っている！」
人間関係のメカニズムを解明し、上質な人生を築くためのナビゲーター。

◆対象：良質な人間関係を構築し、人生を前向きに生きていきたい人

ISBN978-4-902222-03-6　四六判・上製本・578 頁　本体 3, 800 円＋税

シニアのキャリアサバイバル術④起業
「起業」は退職前から準備する

「起業」というと「高い能力やスキルをもった、仕事のできる人がするもの」と思う方もいるかもしれませんが、最近は起業についての情報も入手しやすくなり、起業に対してのハードルはぐっと下がりました。

楽しい仕事、自分が得意とする仕事で起業し、それをライフワークにできれば、定年がありません。一時的には、自己啓発費用や会社設立費用なども含め、初期投資の費用がかかり、一定程度は収入が減るかもしれませんが、身体が動くかぎり、まさに生涯現役で続けられます。

また、税金の面でも起業は得です。たとえば、それまでは単なる出費であった日常生活における多くの支出が、必要経費に算入できるため、収入は倍になったのに税金はほぼゼロですむケースさえあります。仕事に使う備品や文具はもちろん、交通費、電話やネットの通信費、本や雑誌や新聞代、さらには家賃や光熱費の一部も必要経費になります。

基本的には、今までの貯えの範囲内で個人事業主からスタートすることです。いきなり法人化し事務所をもつ必要はなく、自宅やバーチャルオフィス、レンタルオフィスから始めればよいでしょう。なお、軌道に乗るまでは借金はしないようにしましょう。

退職後に起業を考えている人が押さえておきたいのは、次の3つのポイントです。

ポイント① 役職定年や再雇用期間中に準備を

65歳退職後からでは遅いかもしれません。体力も心配です。起業の準備には3年はかかると覚悟しておきましょう。

そう考えると、一見ネガティブに捉えられがちな、役職定年や再雇用もチャンスになります。再雇用ではフルタイム契約せず短時間勤務とし、週休2日間に加えて、月に50時間～100時間は自由な時間を確保するという方法もあります。65歳以降の仕事に必要な能力を身につける勉強をしたり、ほかの会社の仕事を手伝ったりして、起業の準備をするのです。もちろん、会社への副業申請を忘れてはなりません。

ポイント② 起業後のイメージを明確にする

起業といっても「何を」「どうやって」するか、具体的にイメージできない。そんな人におすすめなのが、異業種交流会に参加することです。個人事業主の人たちはサラリーマンと比較して、ほんとうに自由な発想をもっています。わたしも実践して、得るものがとても多かったですし、こうして執筆をしたり、セミナーをしたり、ＦＰとして個人の活動ができているのも、そうした人たちに刺激を受けたおかげです。

ポイント③　「起業」の前に「副業」を

起業する場合は、職業としてやっていけるかどうかを副業で一定期間試し、確認していくことをおすすめします。利益が出るか、事業として継続できるかはもちろん、少しでも仕事として実践してみることで、退職後、自分がほんとうにしたいことは何か（仕事なのか、趣味なのか、ボランティアなのかなど）を考える良い機会となります。

＊＊＊＊＊

さて、ここまで「継続雇用」「転職」「起業」３つの選択肢のメリットやデメリットについてお伝えしてきました。シニアのキャリアサバイバルは、その人の価値観によって正解は異なります。自分が納得できる道がスムーズに見つかるとよいのですが、３つの選択肢の間で揺れることもあるでしょう。

参考までにわたしの体験談を、お話しさせていただきます。

わたしは60歳の定年後は、いったん大手金融機関の再雇用（最長65歳まで雇用）で勤務を続けています。

再雇用で1年経過した61歳のときに、転職を考えるきっかけになる出来事がありました。大手流通グループのノンバンク金融会社からスカウトメールを受け取ったのです。年収３００万円アップの提示を受け、業務内容は未経験でしたが、やれない仕事ではありませんでした。

しかし、転職した場合、祝日勤務（代休あり）で、有給休暇も在籍中の会社に勤め続けた場合と比べて、65歳までのトータルで53日間も少なくなってしまいます。

また、年収がアップしても、65歳で退職したらそれで終わりです。退職後はＦＰというやりたい仕事で起業したいと考えていたため、人様からお金をいただくには相当な準備が必要で、悩みに悩んだ末、内定を辞退しました。

その後2年間は、ＦＰとしての起業準備のため、ＦＰに関する「ブログ作成」（発信約９００記事）と「プロ講師養成講座」で学びましたが、やはり、起業するためには、知識習得ではなく、実践でのアウトプットに重点を置くことが重要だと痛感しています。実務の裏付けがないと問題解決はできないからです。

今後、退職までの2年間、セミナーや本の出版、相談業務など、できるかぎり実践での経験を増やしていきたいと思っています。起業後は、人のため、社会のために、役立つことができればこの上ありません。

COLUMN

シニアの資格勉強は趣味

「定年」とは「年金」とセットになってできた言葉です。60歳になって年金がもらえるからこそ、昔は60歳で仕事を辞めることができました。

年金の受給年齢が段階的に引き上げられ、今後65歳にならないと年金が受け取れなくなってしまいました。この先さらに受給年齢が引き上げられないとも限りません。そうなるとやはり年金だけに頼っているわけにはいかず、「生涯現役」という発想を持つ必要が出てきます。

「だったら、定年後に向けて何か資格を取り、それを活かして働こう!」

シニアからのキャリアサバイバルにおいて、まずは誰もが頭に浮かべる王道です。資格取得の勉強を始めるシニアは多くいます。

ただ、弁護士、税理士、司法書士、社会保険労務士、中小企業診断士などの難関資格を取得しても、生活は成り立たないというのはよく聞く話です。早期退職後、苦労して社会保険労務士の資格を取って開業、東京の一等地に事務所を構えたものの閑古鳥、やむなく再就職した例もあります。

シニアからの資格取得を考える場合には、外してはいけない原則があります。「今までの本業と関連ある分野の資格にチャレンジすること」です。資格なしででも、会社在籍中からその分野に関して相談を受け、独立しても顧客が集まるくらいでないと開業しても難しいでしょう。また、実務の裏付けがないと問題解決はできません。なぜならば、顧客は知識ではなく、実務能力を見て判断するからです。

資格は麻薬のようなところがあり、何度かチャレンジしているうちに、開業が目標であるにもかかわらず、合格そのものが目標になってしまいます。また、何度かチャレンジし、あきらめるケースが多いのも現状です。いくつになっても夢をもって学び続けることは、人生を豊かにしてくれますが、シニアの資格勉強は趣味と考えたほうが無難かもしれません。

ちなみに、高齢者福祉に関連した介護職員初任者研修（旧ホームヘルパー2級）、介護福祉士、社会福祉士などの資格は、仕事がたくさんあります。自分のやりたい仕事は何か、何ができるのか、取得しやすく収入アップに直結する資格は何かを見つけ、勉強するのも一計でしょう。

第二部まとめ

□40%以上の大幅収入ダウンでも継続雇用がおすすめ

□50代と60代の転職市場は違う。3つの優先順位に従って決断する

□起業は退職前から準備する

この度は、ご購読をありがとうございます。
お手数ですが下欄にご記入の上、ご投函頂ければ幸いです。
このカードは貴重な資料として、
今後の編集・営業に反映させていただきます。

●本のタイトル

●お買い求めの動機は

①広告を見て（新聞・雑誌名　　　　　　　　　　　　　　　　　）
②紹介記事、書評を見て（新聞・雑誌名　　　　　　　　　　　　　）
③書店で見て　④人にすすめられて　⑤ネットで見て
⑥その他（　　　　　　　　　　　　　　　　　　　　　　　　　）

●本書の内容や装丁についてのご意見、ご感想をお書きください

●興味がある、もっと知りたい事柄、分野、人を教えてください

●最近読んで良かったと思われる本があれば教えてください

本のタイトル
ジャンル
著者

●当社から情報をお送りしてもよろしいですか？
（　はい　・　いいえ　）

ご協力ありがとうございました。

恐縮ですが
切手を貼って
お出しください

郵便はがき

141-0031

東京都品川区西五反田
2—19—2 荒久ビル4F

アチーブメント出版(株)
ご愛読者カード係行

お名前			男・女	歳
ご住所	(〒 -)			
ご職業				
メール アドレス	@			
お買上 書店名	都道 府県	市区 郡		書店

第三部

親の介護・医療で1400万円!?
備えはなくても憂いはなくす

再雇用後もFPとして
独立すべく
準備していたある日
母親
もしもし？
お袋、元気か？
カツロウかい、じつは……
えぇ!?
親父が!?

親父!
マサミ、来てたのか
兄貴……
ああ

親父の様子は？
こっちだ
おぉ、カツロウ

久しぶりだな、元気か？
親父、聞いたぞ昨夜のこと
あぁ、うっかり前の駅で降りてしまってなぁ
タクシーが運よくつかまってよかったよ

親父、
元気そうだけどなぁ
お父さん、
あんなこと言うけど、
最近様子が
おかしくって……
どういうことだ？
おい、おい

どうしたの?
こんな夜中に
トイレ、トイレに
行きたいんだよ
行ってきたら
いいじゃない
どこにあるんだよ?
えっ?

トイレの場所が
わからないんだ
付いてきてくれ
はいはい
わかりましたよ
着きましたよ
……

今度はどうしたんですか?
なんでトイレになんて連れてきたんだ?
あなたが連れて行ってと言ったんですよ
そんなこと言ってないぞ!
認知症の始まりかもしれんな……

……
心配だわ
親父、話があるんだ
なんだ？

もう90歳だろ
これから入院とか介護が
必要になるかもしれない
お袋ももう年だしな
資産を整理しておく
べきだと思うんだ
なに？
お前、金をせびる気か!?

そうじゃない
今後に備えて把握して
おいたほうがいいと……
自分のことは
自分で金を出す
お前たちは心配いらん！
だったら、なおさら
いくらあるのか
知っておくべきじゃないか？
認知症になったらお金の
管理なんてできないんだぞ
久しぶりに顔を
見せたかと思えば、
そんな話を
しに来たのか!?

まぁまぁ、2人とも落ち着けよ
うるさい、もう話すことはないさっさと帰れ!
かえって悪かったねぇ……
何かあったらいつでも連絡してくれ

それから
月日は流れ――
親父は
認知症を発症し、
要介護認定を
受けました
山梨に
行き来して
4ヵ月――

よろしくお願いします
親父は
特別養護老人ホームへ
介護は家族がする
ものと考える人が
多いかもしれません
しかし、プロに任せたほうが
しっかりとしたケアが受けられ
肉体的にも精神的にも安心です

ケア
マネジャー
リツコさん
もしもし？
リツコさん、
どうしたんですか？
水上さんですか
じつは……
ええ!?
お袋が!?
お袋ー!!

ゆっくり休んでいるよ
お袋ー!!
いつものようにご自宅へ伺ったら台所で倒れていて
エイコさん、こんにちは
!?
ううぅ……

エイコさん！
エイコさん!!
大丈夫ですか!?
セツロウさんの
老人ホームや
病院への付き添いを１人で
頑張っていらして……
お袋の負担も
大きかったんだろう……

ガラ
ガラ
先生!
お袋は大丈夫ですよね?
息子さんたち
ですか……
ちょっと
よろしいでしょうか?

残念ですが
末期の胃がん
です
もう長くは
ないでしょう……
どのくらいですか？
おそらく
余命3ヵ月ほどです

これから
どうしていこうか……
仕事を辞めて
介護したほうが
いいのかなぁ
……
介護離職

介護離職の復職率（正社員）
男性3人に1人
女性5人に1人
介護離職する人は
年間10万人
復職できる人は限られ、
経済的にかなり苦しくなり、
後悔する人も多い
介護はいつ
終わるかわからない
そのあと復職
できるだろうか……
……よし、
言うしかないな
もしもし、マサミか？
親父とお袋の
ことなんだが……

心配ばかりかけて
申し訳ないねぇ……
これからのこと、
マサミと2人
で話したんだが
……
親父とお袋
それぞれで
700万円かかる
ことがわかった
俺たち2人でとても
払える額じゃない

親父の資産を
公開してくれないか？
俺たちに親父の財産相続
しなくてもいいからさ
……そうね
迷惑かけるわけには
いかないわ
私たち兄弟は
親の資産整理を
始めました

お袋は4回の入退院を繰り返し
売却済
受付
やっと資産の整理も終わったところ
ほどなくしてお袋が逝去

うぅ……お袋
これ……お袋の好きだった短歌集だよ
短歌集
もう年ですと医者に言われし夫の背にいたわるごとく桜花散る　エイコ
3ヵ月後……あとを追うようにして親父も天国に旅立ちました――

水上さん……
リツコさんも両親が大変お世話になりました
いえいえ、私なんて何もできていなくて……
安らかに眠るような最期でした
皆様のご厚情を胸に菩提とも見ゆるあの白い雲のかげから「ありがとうございました」と掌を合わせているに違いありません

介護・医療費用は1人当たり700万円準備

老後で最大の不安は、なんといっても「健康」です。長生きするのはいいけれど、病気も介護も予測不可能、突然やってくることが多いからです。まずは医療・介護費の目安となる金額を把握しておきましょう。

介護経験者を対象に調査したデータによると、**1人当たりの介護費用は約500万円**です。その内訳は、公的介護保険を利用した自己負担額が月々7・8万円、介護期間が平均約4年7ヵ月なので、7・8万×54・5ヵ月＝計425・1万円、一時的な費用（バリアフリーに対応した住宅改修、介護用ベッドの購入など）が69万円、合計494・1万円です。

ただし、介護期間4年7ヵ月はあくまで目安です。この調査では介護期間が1年未満13・8%、10年以上14・5%とバラつきがあります。いつまで続くのかわからないのが介護ですが、少なくとも平均とされる500万円ぐらいは準備をしておくべきだと考えておきましょう。

1人当たりの介護費用はどのくらい?

介護費用（月額）		介護期間		一時費用		合計
平均 7.8万円	×	平均年数 約4年7ヵ月 （54.5ヵ月）	＋	平均 69万円	＝	494.1万円

在宅（月額）	施設（月額）
平均4.6万円	平均11.8万円

（出所）生命保険文化センター「平成30年度生命保険に関する全国実態調査」を基に作成

介護期間	6カ月未満	6カ月～1年未満	1～2年未満	2～3年未満	3～4年未満	4～10年未満	10年以上	不明	平均
	6.4%	7.4%	12.6%	14.5%	14.5%	28.3%	14.5%	1.7%	54.5ヵ月（4年7カ月）

介護費用（月額）	支払った費用はない	1万円未満	1万～2万5千円未満	2万5千円～5万円未満	5万～7万5千円未満	7万5千円～10万円未満	10万～12万5千円未満	12万5千円～15万円未満	15万円以上	不明	平均
	3.6%	5.2%	15.1%	11.0%	15.2%	4.8%	11.9%	3.0%	15.8%	14.2%	7.8万円

（出所）生命保険文化センター「平成30年度生命保険に関する全国実態調査」を基に作成

1人当たりの医療費の目安は

65～89歳までの医療費負担額合計

↓

187.5万円 ≒ **200万円**

（出所）厚生労働省「年齢階級別1人当たり医療費の自己負担額」（平成28年度実績に基づく推定値）

介護費用		医療費		
500万円	＋	200万円	＝	700万円

介護に次いで高齢者になってからかかる大きなお金が**医療費**です。厚生労働省が発表したデータによると、**65~89歳までの医療費の自己負担額の平均は、合計で187・5万円**となっています（※1）。

自分の親の面倒を見るとき、また自分の子どもたちに介護費用の負担をかけたくないのであれば、これぐらいの金額は準備しておいたほうがいいでしょう。

なお、45ページで紹介している高額療養費制度も活用すれば、医療費の負担感が増すことはありません。高齢になってからの民間医療保険は必要性が低いといえるでしょう。

前述の介護費用平均500万円にこの約200万円を合計すれば700万円です。これが**1人当たりの介護・医療費用の目安**となります。

※1　厚生労働省「年齢階級別一人当たり医療費、自己負担額及び保険料の比較」（平成28年度実績に基づく推計値）

家族の介護が必要になったら①
介護離職は避け、介護保険制度を活用

「うちの親は元気だし、介護が必要になるなんて想像できない」

親が元気なうちは、実感は湧かないかもしれません。しかし、図のとおり、85歳以上の半数は要介護となります。日本人の平均寿命は男性81・25歳、女性87・32歳（2018年）ですから、とくに母親はかなりの確率で介護が必要になると認識しておきましょう。

要介護のおもな原因として、認知症（痴呆）がトップになっています。2001年の調査では第6位だったのが、じわじわと順位を上げて、2016年にはじめて1位になりました。

認知症介護は、見守りなどのためにデイサービス（通い）やショートステイ（宿泊）などの介護サービスを多く使うケースがあり、介護費用が増大する可能性があります。

厚生労働省によると、介護の担い手は、25・2%が配偶者。次に同居の子で21・8%、介護事業者13・0%という順になっています。また、介護を担う世代としては、男女とも60代がもっとも多くなっています（※1）。

介護にかかる時間（同居の場合）は、平均で「ほとんど終日」が22・1%、「半日程度」が

人口に占める要支援・要介護認定者数（要介護認定率）

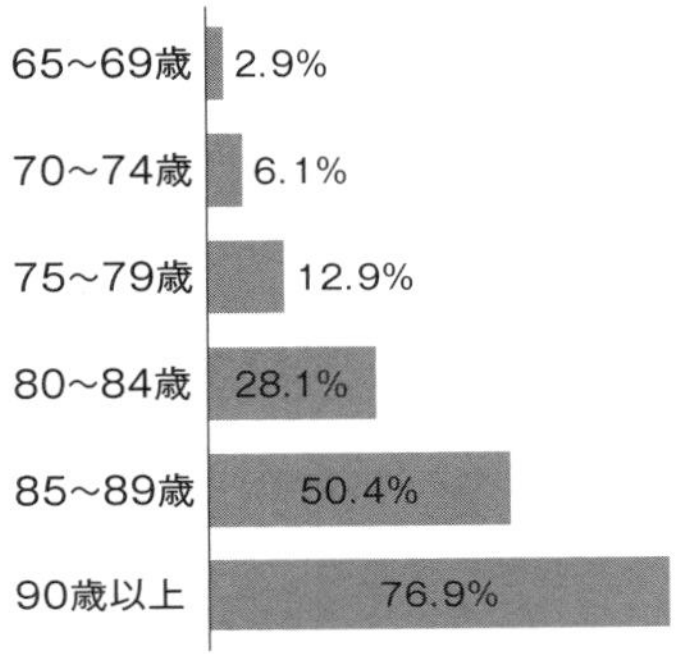

出所：生命保険文化センター「介護保障ガイド」（2017年11月改訂）

介護が必要となった主な原因

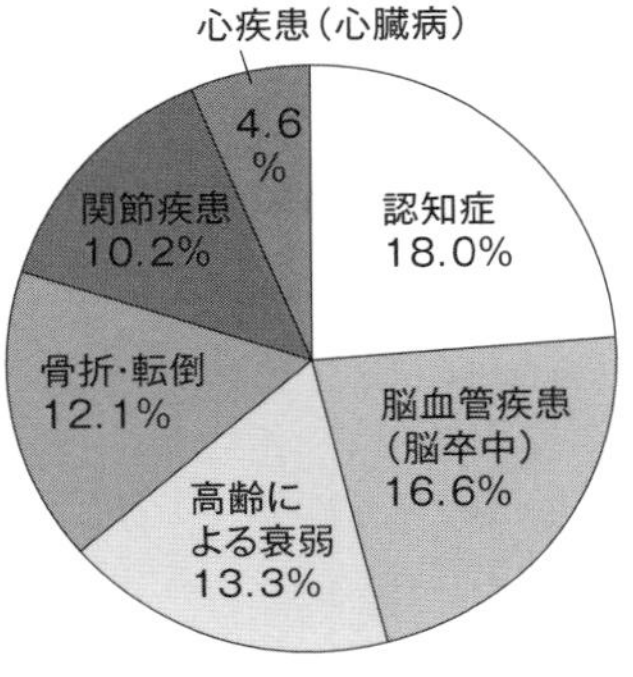

出所：厚生労働省「国民生活基礎調査の概要」（平成28年度）

10・9%です。「ほとんど終日」とは、24時間、夜間も含めての介護を指します。

こうした現状から日本では年間約10万人が「介護離職」に追い込まれています。総務省の調査によると、**介護離職者のうち再就職できた人は43・8%で、半数以上は再就職できていません**（※2）。**また、介護が終わっても、正社員として復職できる人は男性で3人に1人、女性で5人に1人**です。

さらに、運よく新たな職場を得たとしても収入は男性で4割減、女性で半減しています（※3）。**介護離職をするなら、1年以上収入が途絶え、再就職できたとしても今の半分程度の年収になると考えておいたほうがよいでしょう。**

家族に介護が必要になったら、いちばん近い存在として担い手になろうと思うのは当然です。しかし、自分の将来を犠牲にしてもよいということでもありません。

介護保険サービスの利用限度額 <区分支給限度基準額>

区分	利用限度額（1ヵ月あたり）	（1割負担の場合）	住宅改修費（1割負担の場合）	福祉用具購入費（1割負担の場合）
要支援1	50,320円	（5,032円）	原則として現住所につき 20万円（2万円）	年間10万円（年間1万円）
要支援2	105,310円	（10,531円）		
要介護1	167,650円	（16,765円）		
要介護2	197,050円	（19,705円）		
要介護3	270,480円	（27,048円）		
要介護4	309,380円	（30,938円）		
要介護5	362,170円	（36,217円）		

＊東京都某区の例（令和元年10月現在）。サービス利用料は地域によって異なる

介護保険利用料の自己負担割合の目安

収入	年金収入などが４６３万円以上（単身世帯は３４０万円以上）	年金収入などが３４６万円以上（単身世帯は２８０万円以上）	左記以外
負担割合	**3割**	**2割**	**1割**

まずは「介護休業」（通算93日）や「介護休暇」（年間5日）など、仕事と介護の両立を支援する制度を活用しましょう。**可能なかぎり介護離職は避けます**。たとえ在宅で家族が介護するにしても、介護保険サービスの利用は必須であり、**月額平均4・6万円はかかります**（※4）。収入が途絶える選択はおすすめできません。

また、1日中在宅で、とくに単独での介護が続くと、肉体的だけでなく精神的にもかなり追い詰められて、「介護うつ」や最悪の場合、「介護殺人」に発展することにもなりかねません。

無理をして家族だけでの介護は考えず、**介護保険制度を上手に利用**しましょう。親の住所地を担当する地域包括支援センターや親が暮らしている市区町村の窓口に相談してください。

申請をすると、認定調査員が自宅や入院先に訪

ねてきて、介護保険サービスの利用希望者に対して「どのような介護が、どの程度必要か」聞き取りがおこなわれます。

その後、要介護認定が下りたら、ケアマネジャーがケアプランを作成します。

介護保険サービスには、大きく在宅サービスと施設サービスがありますが、在宅サービスには、デイサービスのほか、ホームヘルプサービス、福祉用具レンタル、住宅改修、訪問介護などがあります。ケアマネジャーは、介護が必要な人の状態に合ったサービスを受けられるように、ケアプランの作成から事業者との調整までおこないます。

利用者は、これを自己負担割合1～3割で利用できますが、要介護度に応じた利用限度額や利用できるサービスの制限があります。利用限度額を超えた場合は、その分は全額自己負担となります（図参照）。

※1　厚生労働省「国民生活基礎調査の概況」（平成28年度）
※2　総務省「介護施策に関する行政評価・監視　結果に基づく勧告」（平成30年）
※3　明治安田生活福祉研究所「仕事と介護の両立と介護離職」調査
※4　生命保険文化センター「平成30年度生命保険に関する生活保障に関する調査」

家族の介護が必要になったら②
介護の前にするべき「世帯分離」

高齢者と同居している、またはこれから同居して親を家族で介護する、という家庭は多いと思われます。世帯分離とは、親と同居している状態で、家を「親の世帯」と「子の世帯」の2つに分けることです。

なぜ世帯主を分ける必要があるかというと、介護保険料や高額療養費は世帯ごとの所得に基づいて計算されるため、所得が高い世帯ほど負担が重いのです。**世帯分離をすることで、介護費の負担を軽くすることができます**（図参照）。

世帯分離は、「住民異動届」の書類に記入して市区町村の窓口に提出します。分離の条件は具体的に決まっているわけではなく、食事を別々に食べることが多い、表札は別々など、多面的に見て生計を共にしていないとみなされるかどうかです。

あくまで住民基本台帳に基づく手続きであり、戸籍はそのままなので、親子の縁を切ることではありません。扶養から外れるわけでもないので、扶養控除はそのままです。

世帯分離で介護費用が安くなる！

子（50歳）夫婦と母（80歳）が同居、子の年収600万円
母の年金収入70万円で世帯収入670万円の場合

「高額介護サービス費」自己負担限度額

月額4万4400円

母／子

世帯分離すると →

月額1万5000円

母　子

＊母親は住民税非課税（年金収入70万円）

年間約35万円の節約に！

老人ホームにはいくらかかるのか？
家族の介護が必要になったら③

自分の親を介護することになったとき、老人ホームという選択肢があります。さまざまな介護施設が登場していますが、寝たきりの状態となり、最終的な寿命を全うする段階までケアしてもらえる施設は、事実上、**「特別養護老人ホーム（特養）」**しかありません（一部の有料老人ホームでは高額な費用を支払えば同様のケアを受けることも可能）。

特養の数は少なく、入居待ちの期間が長い（数百人待ちなど。必要度合いの高い人が優先）のが実情です。また、入所には原則として要介護3以上の人しか入れない仕組みとなりました（特例措置あり）。

要介護3とは、立ち上がることや歩くことなど、身の回りのこと（排泄、食事、入浴など）がほとんど自力でできない状態です。人によって状況は異なりますが、一般的な感覚では、家族だけで介護するのはかなり難しいレベルです。言い換えれば、この段階になるまでは、在宅

老人ホーム別の費用目安

	介護レベル	入居一時金	月額費用
特別養護老人ホーム	中度～重度	0円	約9万～13万円
介護付き有料老人ホーム	自立～重度	0円～数千万円	約16万～29万円
サービス付き高齢者向け住宅	自立～中程度	敷金程度	約12万～20万円程度

介護付き有料老人ホーム入居にかかる費用

平均345万円（入居一時金）
1221万円（平均月額22万4000円×54.5ヵ月）
+α（追加費用）
＝約1566万円 +α が必要！

＊老人ホーム検索サイト「みんなの介護」を基に作成

で介護を続ける必要があるでしょう。

特別養護老人ホーム以外の選択肢としては、**「介護付き有料老人ホーム」や「サービス付き高齢者向け住宅」といった民間施設**があります。それぞれ介護体制や費用の相場が異なりますが、図を参考にしてください。

また、入居費用以外にも、想定外の費用が発生して戸惑う人が少なくありません。病院に通うことになれば送迎費用を別途、施設に払わなければならないし、おむつなどの介護用品が必要になれば、それも自分で払わなければいけません。想定外の費用に備えてある程度の予備費を用意しておくことが大切です。

なお、やっとお金の算段がつき、施設が決まっても、多くの親は「施設など入らない」と拒否し、在宅で介護をせざるを得なくなり、家族が肉体的にも精神的にも引き続き大変になる場合もあります。

主治医から施設に入るよう、言ってもらったり、「病院のようなところだから」と伝えて入居のタイミングを逃さないことも必要でしょう。わたしの父親も、最初は入居を拒否しましたが、「少しのあいだだから」と話して入居してもらいました。母親は、やっとひと安心したようです。

家族の介護が必要になったら④
施設に入るタイミングはいつ？

最期は、住み慣れた自宅で過ごすか、それとも老人ホームなどの施設に入所するか、選択肢は大きく2つに分かれます。

「夫婦どちらかに介護が必要になれば自宅マンションを売って2人で介護付き有料老人ホームに入居しよう」

こう計画を立てる夫婦も多いでしょう。

しかし、住み慣れた我が家を手放すことに抵抗を感じる方もいるでしょう。

「施設に入るつもりだけど、自宅を手放したくはない」「子どもに資産を残したい」といった方に、「マイホーム借上げ制度」や、「リバースモーゲージ」などの制度もあります。耳にしたことがある人もいるかもしれません。

マイホーム借上げ制度

一般社団法人移住・住みかえ支援機構が、不動産を借り上げて第三者に転貸する制度です。

借主が見つからなくても家賃が保障されるなどのメリットがありますが、賃料が相場より3～4割低くなります。

リバースモーゲージ

自宅を担保に金融機関から融資を受け、死亡時に自宅を売却して一括返済する方法です。しかし、首都圏の資産価値が高い物件のみが融資対象で、郊外や地方の物件は対象外のうえ、融資限度額も不動産評価額の50％程度です。

一般的にマイホームを売却しても、都心以外の普通の一戸建ては建物の価値がほぼゼロで、土地代の1000万円程度が入るだけです。

しかし、民間の介護付き有料老人ホームに夫婦2人なら、入居一時金も高額な場合も多いですし、利用料も平均2人で月額44・8万円（22・4万円／人）程度かかると見ておいたほうがいいでしょう。入居を2年待てば老後資金約1100万円（44・8万×24ヵ月＝1075万円）節約できます。

また、気に入った老人ホームに入居しても、「思っていたものと違った」ということで短期間で嫌気がさしてしまう人も珍しくありませんし、老人ホームが経営破綻して、住む場所、戻る場所を失うかもしれません。なお、健康状態の問題などでどうしても施設が必要な場合は、入居待ちが長いこともありますが、国が補助する特別養護老人ホームを探すことをおすすめします。

介護付き有料老人ホームでも、ヘルパーなどの実際のサービスを受けるためには要介護認定が必要です。しかし、認定があれば、自宅でもヘルパー派遣など同じ介護サービスを受けることができます。**ぎりぎりまで家賃がかからない自宅に住むことが得策**でしょう。

まずは親の介護や終《つい》の棲家《すみか》の問題を考えるとき、私たちの老後も考えるきっかけとなると思います。

介護・医療費を抑える 夫婦の医療費と介護費を 合算して還付する

介護費も医療費も、1回の支出は小さくても、積み重なると大きな金額になるものです。公的制度をフル活用して、上手に支出を抑えましょう。

「高額療養費制度」(45ページ参照)と同じく、介護保険にも自己負担の上限が決まっている制度があります。**「高額介護サービス費制度」**です。介護保険の利用者負担が重くなりすぎないよう、上限を超えると超過分が払い戻される制度です。

同制度は世帯ベースで利用できるのも特徴です。夫婦2人分を合計して基準を超えれば還付を受けられます。ちなみに、年金生活の夫婦(世帯全員住民税非課税)であれば、上限額は2万4600円と半分近くの金額になります(図参照)。

わたしの父親の場合、特別養護老人ホームに入居し、月額約20・2万円(要介護5利用額

高額医療・介護の自己負担額を支援する公的制度

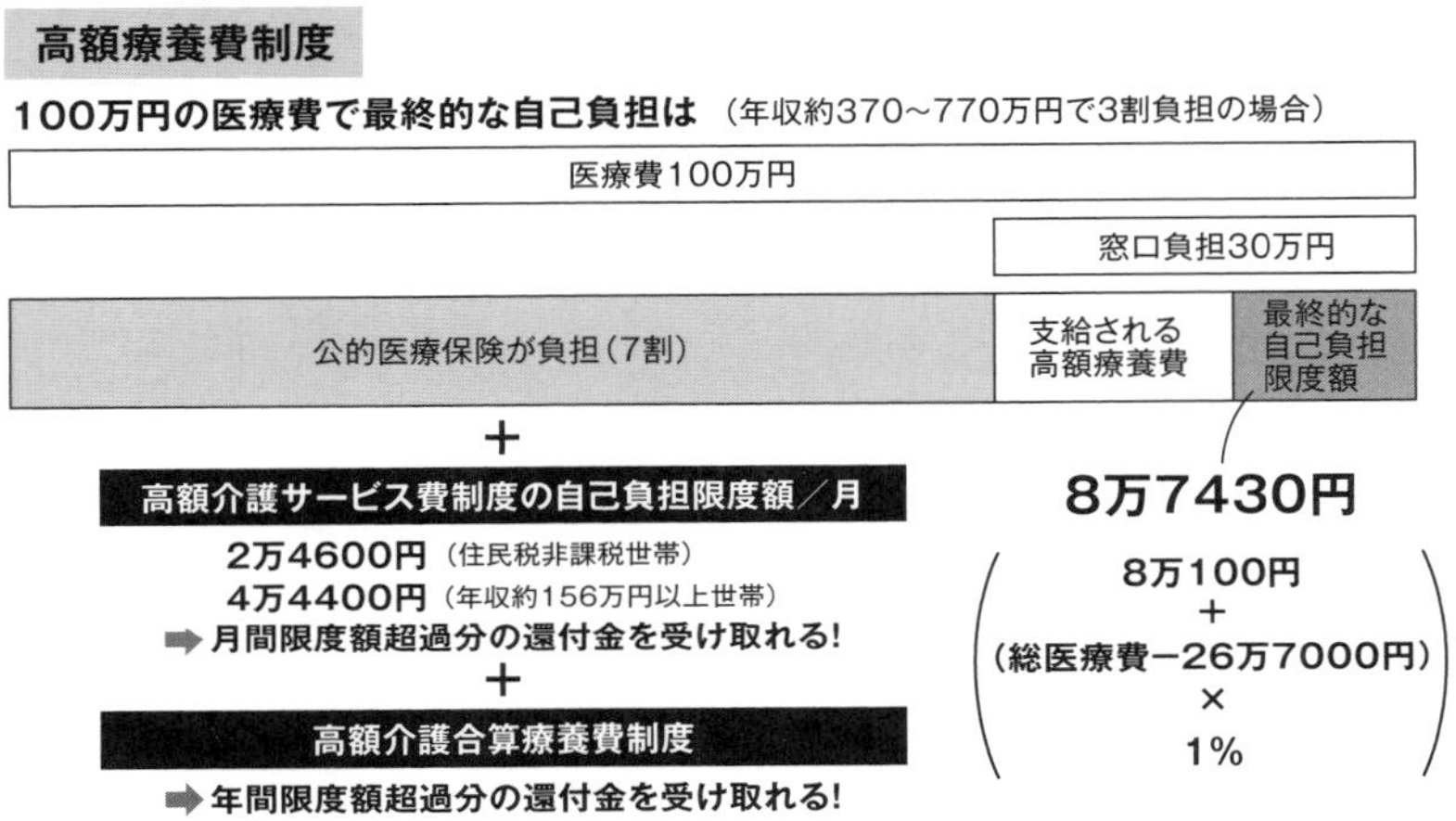

36万円×2割負担＝7・2万円＋居住費7・4万円＋食費5・6万円）費用がかかりましたが、「高額介護サービス費」の上限額が4万4400円でしたので、月額約2・8万円（＝7・2万円－4・4万円）が還付となりました。

「高額療養費制度」と「高額介護サービス費制度」の2つは合算して、1年間（8月～翌年7月まで）のあいだに一定額を超えるとさらに還付金を受け取れます。

注意したいのは、高額療養費制度も、合算制度（高額介護合算療養費制度）も、申請主義だということです。

高額療養費制度は、一部大企業や公務員では自動的に還付されますが、協会けんぽや国民健康保険の場合は申請が必要です。制度を知らずに申請しなかったら、2年で時効になって1円も戻してくれません。

また、医療と介護は保険が違うため、「高額療養費制度」と「高額介護サービス費制度」の合算制度で還付金をもらうには本人が計算して、加入する医療保険と一緒に市区町村に申請が必要な場合もあります。

ちなみに、わたしの場合、両親が同時に介護費と医療費がかかったので、合算制度で11万円（＝合算67万円－限度額56万円）の還付となりました。

COLUMN

高額療養費制度は使い方しだいで自己負担に約2倍の差

月初に手術すれば医療費が半額になる

高額療養費制度は1ヵ月単位で適用されるため、月をまたぐと自己負担が2倍になってしまうケースがあります。

たとえば、定年退職後、白内障を患ったAさんは67歳で年間260万円の年金生活をしているごく一般的な家庭です。

ある病院の白内障の手術費用は片目20万円なので、自己負担（3割）は片目6万円、両目12万円になります。白内障の手術は日帰り手術で、通常、一定期間の間隔をおいて片目ずつおこないます。同じ月に手術した場合、両目で12万円のうち自己負担限度額は5万7600円ですみます（年収約156～370万円の場合）。

しかし、月をまたぐと、5万7600円が2回かかるので同じ手術でも費用が倍かかってしまうのです。

家族と同じ月に治療する

同じ健康保険に加入していれば家族の分も合算できます。適用は同じ月の同じ医療機関の2万1000円以上の治療費に限られます。同じ医療機関とは、夫はA病院で治療を受けたら、妻もA病院で受けなければならないという意味ではありません。

先のAさんは、眼科で白内障の手術、消化器内科で腸のポリープの手術を受けました。これらは同じ医療機関でなければなりません。

妻は、別の病院で白内障とひざの手術を受けました。

同じ月内で、治療費が2万1000円以上だったのですべて合算することができ、これら4つの治療が5万7600円ですみます。緊急性がない治療であれば、このような「まとめ治療」が可能なのです。

なお、加入の健康保険によっては「付加給付」といって、さらに上乗せ給付を受けられる場合があります。たとえば、金融機関やマスコミの健保組合のほとんどは、収入の多寡に関係なく「1ヵ月の自己負担額は2万円」としています。こうした制度も上手に活用しましょう。

親の介護費用を準備する①
「親の介護費用は親の資産で」が鉄則

親の介護費用は親の資産で賄うのが基本

もしも親の介護が必要になったら、本章でお伝えしたようになるべく長い間自宅で過ごし、在宅での介護が難しくなったら施設に入るのがいいでしょう。

入居一時金が支払えたとしても、年金だけで介護付き有料老人ホームの月額利用料を賄うのは難しい場合がほとんどです。不足分は貯蓄を取り崩すことになりますが、これからの時代は、100歳以上の長生きも珍しくなく、蓄えが底をつく恐れがあります。

まずは、**親自身の年金受給額や資産状況を把握し、その範囲内で入れる施設を探す**ことです。もし夫婦で施設に入居した場合、夫が生存中は年金で月額利用料が賄えたとしても、妻が1人残されると、夫の遺族年金だけでは月額利用料が支払えなくなるケースも少なくありません。そうした想定も踏まえて施設選びをしましょう。

両親の年金や資産が少なく、在宅介護でもおむつ代やヘルパー代などですぐに資産が底をついてしまうこともあるでしょう。その場合でも、子自身の年金や預貯金で介護費用を補填するのは、自らの老後を危険にさらし、自分の子に負担をかけてしまいます。親の介護は三世代に影響することを認識して**親の介護費用は親の資産で賄うと割り切るべき**です。

兄弟姉妹間で、介護費用の負担分は明確にしておく

また、介護が長引くと金額が大きくなり、誰がいつ負担したのかあやふやになると、相続でもめる原因にもなります。**兄弟姉妹の間で、介護の分担はもちろんお金のこともコミュニケーションを密にする**ことが重要です。

親が要支援・要介護状態になると、いろいろな形でお金がかかります。遠方に住んでいる場合は交通費、近居でも病院に連れて行けばタクシー代やガソリン代がかかります。時には、病院への立て替えも発生します。

わたしの場合は、弟が親の近くに住んで世話をしていましたが、父親の介護にかかった費用は、弟が立て替えをしても、母親がその都度必ず払っていました。また、母親が具合が悪くなったあとでも、わたしが親のお金を管理し、同様の対応をしていました。

介護費用はすべて親の財布から支払ったため、相続でも一切もめることはありませんでした。

親の介護費用を準備する②
確認しておきたい老親の資産状況

預金通帳、証券、その他……、自分の親といえども、どこにどれだけの資産があるのか、詳細に把握していない場合が多いでしょう。

親の財産を把握していないと、いざ介護が必要になったときも、どれくらいの費用をかけられるのか見当がつかず、大変なことになります。もうひとつ、相続税対策が必要かを判断するのにも資産状況の把握は欠かせません。

年金額ならば通知、ハガキ、通帳などで把握しやすいでしょう。ところが、インターネット金融機関を使っているときは、IDやパスワードについての確認も必要です。あとあと、現金が引き出せないどころか、せっかく親が貯めた財産に気づかず、時効によって、そのまま国に没収されてしまうケースもあります。

では、どうやって親が持っている資産を聞き出せばいいのでしょうか？

まず、子ども全員で、親に決して親の資産を狙っているから聞いているのではないことを説明するのです。**まだ元気なうちに、今後のことも踏まえ、親の資産を把握しておいたほうが安**

心できるということを、きちんと説明しましょう。

親に代わって資産の情報をまとめてあげるのもひとつの手です。高齢者にとって書類の整理は苦痛でしかありません。銀行の残高一覧、各種証券、年金支払通知書など、必要な情報をファイルにまとめてあげるのです。

頭ごなしに「いくらあるの？」と聞くのだけはやめましょう。わたしの場合は、父親が認知症で施設に入ったため、介護費用がいくらかかるか心配でした。そこで、母親がまだ少し元気なうちに弟と一緒に、「今後、施設でかかる費用が心配なので親の資産を把握しておいたほうが安心できる」「資産の情報をまとめてあげる」「決して親の資産を狙っているわけではない」「父親が死んでも子は相続放棄する」ことなどを説明し、理解してもらいました。母親も「これでお金のことは子どもに任せておけばいい」と思い、安心したようです。

ちなみに、わたしの両親の資産を把握するのは大変な手間と時間がかかりました。定額預金・定期預金・普通預金（通帳）、投資信託（通知書）、生命保険（証券）、建物積立火災共済（証券）、JA出資金（証書）、互助会（冠婚葬祭の積立証書）、土地（宅地・畑）、建物など多岐にわたっており、かつ整理がされていなかったからです。母親に何回も何回も確認しやっと全資産の把握ができ、資産一覧表も作成しましたが、親が元気なうちに、資産管理しておくことの重要性を痛感しています。

生前からできる相続税対策①
「生前贈与」と「宅地特例」で相続税ゼロへ

相続税は、基礎控除額以上に遺産をもらった場合に課せられる税金です。基礎控除額の計算式は、「定額控除3000万円＋600万円×法定相続人の数」です。法定相続人の数によって変わってくるのです。

たとえば、父親が亡くなって、母親と子ども2人が残されたとすると、法定相続人は3人なので4800万円（＝3000万円＋600万円×3人）の基礎控除額が認められています。預金、持ち家など父親名義の財産（課税価格）をプラスして、4800万円を超えなければ、相続税はかかりません。

また、基礎控除額以上の遺産があれば、必ず相続税がかかってくるというわけではありません。相続人が配偶者の場合は、どんなに多額でも法定相続分まで、もしくは1億6000万円までは無税で相続できます。いわゆる一次相続には、通常、ほとんど相続税がかかりませんが、その後の二次相続のときが大変だと言われるのはこの点です。

相続税の基礎控除額が引き下げられて「3000万円＋600万円×法定相続人の数」に改訂されました。これにより東京23区の居住者は5人に1人が課税対象とされます。もはや相続対策はお金持ちだけが考えるべきことではなくなったのです。

相続税を減らす鉄則は、**親が生きているうちに財産を使い切ってもらうこと**です。

相続税対策には、おしどり贈与、相続時精算課税制度、教育資金一括贈与など、家族構成や用途（教育資金など）によって節税になる制度はさまざまですが、基本は次の2つです。

時間をかけて「生前贈与（暦年贈与）」

年間110万円までの贈与は非課税になるため、配偶者や子どもの口座に毎年110万円を振り込んでいくのです。耳にしたことがある方も多いでしょう。誰にでも贈与可能で、申告の必要もありません。収支の先行きが見通せるようになる**65歳**から考えましょう。

贈与者が亡くなった時点から遡って3年分までは相続税の課税対象となってしまうため、男性の平均寿命81歳から逆算して**78歳までに終えておくことが目安**になります。

生前贈与する場合は、受取人本人の口座に振り込む、通帳や印鑑は受取人が管理するなど、いくつか注意点があります。孫のためにと、勝手に口座をつくってコツコツ貯めていく、いわゆる「名義預金」は税逃れとみなされかねません。この対策方法は次項で説明します。

生前から同居で「小規模宅地等の特例」を活用する

親と同居していれば、「小規模宅地等の特例」の活用も、相続税対策として有効です。同居する子どもが親の死後に自宅を相続すれば、土地の評価額が8割減となります。仮に、1億円の土地を所有しているとして、生前に子どもと同居しておけば基礎控除額の範囲内に収まるので相続税がゼロになります。一方で別居する子どもが相続すると、およそ770万円（相続人は子のみ2人の場合）の相続税がかかります。

なお、この特例は、親が老人ホームに入居している場合や二世帯住宅の場合、別居していても家なき子特例に該当する場合などは、適用できる場合もありますので、詳しくは専門家に必ず相談しましょう。わたしの場合は、弟も、親と同居していませんでしたが、自己所有の家に住んだことがなかったため、この特例を適用することができました。

子どもはそれぞれ別に住居を構えている場合もあるでしょう。親の住居と相続の問題は、156ページの空き家問題でも紹介しています。併せてご確認ください。

生前からできる相続税対策②
生前贈与は「名義預金」に注意！

前項で述べた**「名義預金」**とは、名義人と実際の預金者が別人の預金のことです。じつは相続税の申告漏れの約4割を占めるという話もあります。

子や孫の名義を借りて預金をすること自体違法ではありません。問題は、社会通念上許されそうな行為だったとしても、お金の出どころとなった人からの相続財産とみなされかねないことです。たとえば、親が子や孫のために内緒でつくった預金、収入のある同居の子への生活費を、親が子どもの名義で預金する、専業主婦のへそくりなどが、名義預金とみなされるケースがあるのです。加算税を追徴されないためには、**贈与の事実を証明できるかがポイント**です。

対策①　贈与契約書を作成する

贈与の内容を書面化したうえで日付を入れ、贈る側と贈られる側それぞれが署名して実印を押します。さらに、その契約書を最寄りの公証人役場へ持っていき、「確定日付」を取っておくことです。贈与契約書に基づいて贈与税の申告を毎年欠かさずおこなえば、贈与があったものと認められます。

対策② 通帳・印鑑などは名義人が管理する

贈与は、贈る側の口座から贈られる側の普段使いの口座へ送金する形にして、互いの口座に資金移動の記録を残します。通帳や印鑑、キャッシュカードなどは、贈られる側が管理します。

対策③ 110万円以上を贈与し、贈与税を申告する

贈与税が非課税となる年間110万円ピッタリだと名義預金とみなされる可能性があるため、あえて110万円を少し超える額を贈与し、超えた分の少額の贈与税を納めておく方法もあります。

たとえば年間120万円の贈与をおこなうと1万円の贈与税が発生しますが、税務調査のリスクを毎年たった1万円で回避できる安心料と考えれば安いものです。

対策④ 信託銀行の暦年贈与信託を利用

①~③のような手続きを面倒と感じるなら、信託銀行の**暦年贈与信託**を利用する方法もあります。当座預金口座を利用し、贈られる側との書面のやり取りなどもすべて銀行に任せることができます。

生前からできる相続税対策③
相続対策に生命保険はシンプルに有効

生前からできる相続税対策として、「生前贈与」のほかにも有効な方法はあるのでしょうか。たとえば、父、母、長男、長女の4人家族で、父（遺産総額が6000万円）が亡くなると、6000万円－基礎控除額4800万円（＝3000万円＋600万円×3人）で1200万円が相続税の課税対象になります。

遺産が基礎控除の金額を上回っていたときに、単純にできる相続対策として**生命保険**があります。具体的には「法定相続人×500万円」が非課税になります。先の例では1500万円を父の死亡保険金に代えておけば、遺産総額は4500万円となり、基礎控除額4800万円を下回って相続税がかからないのです。

保険の種類としては、一度で保険料の払い込みが完了し、一生涯保障が続く「一時払い終身保険」がおすすめです。一般的な生命保険は高齢になると加入できないことが多いですが、一時払い終身保険は保険料を一括払いするため条件が緩やかです。受け取る保険金額はほぼ保険料と変わりません。

契約してから10年以上経つと、掛けた金額よりも多くなることがあるので、よくプランを確認してください。急にお金が必要になったときには解約することもできます。

生前からできる相続税対策④

生前に売る？ 相続する？ 実家の空き家問題

「うちには現金はないし、持ち家くらいしか財産がないよ」

こういう方も多くいるでしょう。国税庁の調査（※）では、財産の4割が土地・家屋を占めています。

親が残した不動産や土地の維持費はバカになりません。固定資産税、空き家対象の火災保険料、雨どいや瓦などの補修、庭の草むしりから野生動物駆除……子どもが皆、独立して住居を持ち、住み手がいなくなる場合もあるでしょう。実家の空き家問題は、頭の痛い問題です。

売却が難しければ「相続放棄」も

売却を考えても、古すぎてなかなか売れなかったり、更地にするにしても数百万円の費用がかかります。自治体に無償で寄附しようにも、よほど利用価値のある土地でないかぎり受け取ってもらえません。

そこで有効なのが「相続放棄」です。所有者がいない不動産は国有地になります。ただし、相続放棄は、「不動産だけ」という財産の指定はできません。親に金融資産などがある場合は、存命中に使い切ってもらうなどしましょう。**金融資産をゼロにしたうえで、遺産として残った不動産を「相続放棄」する**のです。子の将来の費用負担がなくなります。

空き家の状況が改善しなかった場合、「空き家特別法（空き家対策の推進に関する特別措置法）」により**固定資産税は6倍、都市計画税は3倍**にもなります。滞納すると、差し押さえや罰金が科され、最終的には行政代執行で解体費用（100万円～200万円）を請求されることもあります。くれぐれも、空き家は放置しないようにしてください。

※国税庁「平成29年分の相続税の申告状況について」

相続はプロに任せる！

親が亡くなると、悲しみに浸る間もなく、葬儀や年金、保険の手続き、そして遺産相続も進めていかなければなりません。

「いったい何から手をつけたらいいのか……」と、途方に暮れる方もいるでしょう。相続に関する情報は書籍やインターネットでさまざまあります。自ら学ぶことは有意義ですが、相続は税理士事務所に依頼することをおすすめします。

税理士に依頼すると報酬も発生しますが、自分で相続税申告をした場合、ミスがあると税務調査の対象になりやすくなります。相続税の計算はプロの税理士でも相続税申告ソフトを使わなければ間違うほど複雑なものです。申告漏れが発生すると追加納税が必要になります。自己申告はリスクが大きいのです。

わたしの場合は、最初は「相続税申告は自力でできるのではないか」と考えていました。我が家にはお金持ちの家庭ほどの財産はありませんし、財産構成もシンプルでFPの知識もありました。

ところが、自分で財産評価をしてみると、両親の相続がほぼ同時に発生したこともあり、わからない点がいくつも出てきました。税理士事務所を探し依頼すると、自分で財産評価した際は気づかなかった制度も多く、評価額が下がり、最終的に基礎控除の範囲内に収まり、相続税はかかりませんでした。なお、基礎控除の範囲に収まっても「小規模宅地等の特例」などを適用する場合は申告が必要でした。

遺産分割も公平におこなうことができ、心配していた兄弟間のもめごとも一切なしです。相続税の申告はプロの税理士に任せるべき、と感じました。

相続税申告を依頼する税理士を選ぶポイント

①相続専門もしくは相続に強い税理士かどうか

税理士といっても医者同様に専門分野が分かれています。相続に強い税理士かどうかは、「直近1年間の相続税申告件数実績」を参考にしてください。「相談実績」を謳う事務所も多いのですが、**「申告実績」**が重要です。**年間50件以上、職員1人あたり年間5件以上**であれば相続税に強いと考えてよいでしょう。

②相続税の税務調査率は何%か

税務調査に強いかどうかは、申告実績だけではなく**税務調査率**（税務署に申告書を提出したあと税務調査がどれだけ入ったか）に表れます。**一般的に税務調査を受ける確率は10%**（国税庁統計データ）と言われています。事務所に確認して、数値が低いところを選びましょう。

③税務調査対策として書面添付制度を導入しているか

相続税申告では「この内容は正しいものです」と、税務署へ説明する書類を添付することができる制度があります。メリットとして税務署からの信頼が高まり、税務調査が入る確率が減ります。某税理士事務所の場合は書面添付制度を利用することによって、税務調査率が1%です。ちなみに、わたしの場合は、税理士事務所に書面添付制度を依頼しました。

④成功報酬制になっていないか

インターネットで多くの税理士事務所が相続税申告の報酬を開示していますが、通常報酬に加えて追加報酬に「成功報酬」という名目を設けているところは要注意です。

相続税申告業務の中でも、「土地の評価（広大地、市街、山林、不動産鑑定）」「名義預金・名義株の帰属判断」といった専門性が問われる項目がありますが、単なる判定だけで本来であれば税理士として当たり前の仕事であり、成功報酬という考え方は馴染まないものです。法律に違反しているものではありませんが、思わぬ負担増にならないように、契約前にしっかり確認しておくことが大切です。

なお、税理士の報酬は、大半の税理士事務所が**遺産総額の0・5%～1%**の間で、相続税申告の税理士報酬を設定しています。遺産総額が1億円の人であれば50万円～100万円です。これより高い場合には相場よりも高額であるといえます。

第三部まとめ

□介護・医療費用は1人当たり700万円準備

□介護離職は正社員として復職できる人は男性で3人に1人、女性で5人に1人で、収入も大幅減になるため避ける

□75歳以上の同居親がいる場合はすぐに世帯分離を！

□在宅介護も活用してできるだけ自宅で過ごし、最期は施設に入所

□高額療養制度・高額介護サービス費制度、合算制度を活用する

□「親の介護費用は親の資産で」が鉄則

□「生前贈与」「宅地特例」「生命保険」など、生前にできる相続税対策を

□相続に強い税理士を見極めて、書面添付制度を依頼する

第四部
老後の安心をお金で手に入れる
退職金・年金・雇用保険

アライじゃないか!
おぉ、水上……
仕事か?

あ、あぁ……
まぁ、ギターも
6ヵ月で飽きたしな
聞いたぞ、再就職したって
嫁さんに尻を叩かれてやっと
再就職先を見つけてさ、
カッコつかないよな……
そんなことないさ

まぁ、先輩たちに比べたらマシか
先輩たち？
お前、知らないのか？
猛烈営業マンだった長谷川さんは退職後に何もすることがなくなってうつになってしまったらしい

燃え尽き症候群という
診断が出ているってさ
ワンマンで有名だった
菊池部長の奥さんは
ストレスで病院通いを
しているらしい
受付
どうやら
菊池部長がずっと家にいて
3食ごとに「メシはまだか？」
奥さんが外出すると
「何時に帰ってくるんだ？」と
いちいちチェックする
みたいなんだ

医者からは夫源病だから、夫と距離を置くようにって
お前も退職後のこと、今からよく考えておいたほうがいいぞ
……
退職後も幸せな人生を送れるのだろうか

新刊!!
退職後どうする?
10万部突破!!
50歳からが人生の本番!
老後
一番大切なことは?
俺はいったい何をしたいんだろう

……仕方ないわ
すまない
収入は減るだろう

社外出向を
伝えたときに
妻は何も
言いませんでした
しかしその翌日……
何見てるんだ？

新聞の折り込みチラシよ
見て！
近くの食堂で
パートを募集してるって
パート募集
そ、そうか
わたし
やってみることにするわ
張り切って
無理しないようにな……

専業主婦
だった妻が
仕事を見つけて
働き始めたのです
家族に迷惑は
かけられない
なんとしても
老後資金を
貯めよう！
改めて一つひとつ
シミュレーション
していきました
退職金は
一時金か年金か
年金は
繰り上げか繰り下げか
雇用保険の受給は……？

税金がかからない退職金

勤続年数	所得控除額
20年	800万円以下
30年	1500万円以下
40年	2200万円以下

国民年金は繰り下げ受給をしつつ

70歳まで働いて引退した場合、
働かなかったときと比較して

終身で年金は

65歳から 12万円／年
70歳から 20万円／年 **増額する。**

男性の平均余命（85歳）まで
生きたとすると

＝ 360万円

年金が多く受け取れる!

70歳まで厚生年金に加入できれば大幅に上がる

70歳までの繰り下げ受給額	**9万2501円／月**
本来受給額	**6万5141円／月**

差額 **2万7360円が**
繰り下げ受給で多くもらえる!

男性約85歳
93万円［月額2万7360円×34カ月
（84歳8カ月－81歳10カ月）］
女性約89歳
252万円［月額2万7360円×92カ月
（89歳6カ月－81歳10カ月）］

70歳までの繰り下げ受給は
81歳10カ月以上生きれば
得をするので、
平均余命まで
生きれば夫婦2人で
345万円多く
もらえる

雇用保険で国から賃金の15%が最大で補償される

「高年齢雇用継続給付金」の受給例

60歳以降の賃金月額	低下率	高年齢雇用継続基本給付金 支給率	給付金（月額）	65歳までの総額
24万円	60%	15%（満額）	3万6000円	216万円
28万円	70%	4.67%	1万3076円	78万4560円
32万円	80%	0%	0円	0円

*60歳時の賃金月額40万円

退職日は1日違いで失業保険が3倍

65歳「退職日」の1日違いで大きく変わる失業保険

誕生日 **2日前**
失業給付基本手当
・基本手当の150日分
（自己都合退職）

誕生日 **前日**

誕生日 **当日**
高年齢求職者給付金
・雇用保険加入1年以上
…基本手当の50日分
・雇用保険加入1年未満
…基本手当の30日分

具体例

1日違いで
70万円超の差

64歳
107万2500円
（上限基本手当額7150円 × 150日）

65歳
34万750円
（上限基本手当額6815円 × 50日）

こうしてさまざまな
工夫を凝らして
老後資金2000万円を
貯める算段が立ったのです
GOLF BAG
退職後
どうする?

「退職金」で安心を手に入れる①
退職金はいくらもらえる？

「退職金があるから老後はなんとかなる」

このように安心している人もいるかもしれません。厚生労働省（※１）によると、２０１８年に大卒の定年退職者に企業が支払った退職金の平均額は１７８８万円でした。ちなみに、２０１２年においては１９４１万円もありました。１９９７年から比較すると、20年間で１０８３万円減です。また、中小企業のモデル退職金を見ると、定年まで勤めた場合の退職金は、大学卒で１２０３万円でした（※２）。退職金に関する調査は経団連、中央労働委員会などさまざまな機関がおこなっており、金額にバラつきがあります。

勤務している会社の就業規則や退職規定を確認してみましょう。退職金がある場合には、明示されているはずです。また、社内制度の概要を説明したハンドブックがあればそちらを見てみましょう。それでも確認できない場合は、人事部・総務部など会社労務関連の部署に問い合わせてみましょう。

大卒事務職の平均退職金（モデル退職金）

退職金	年	調査主体と調査名	調査対象企業
2256万円	2018年	**日本経済団体連合会** 2018年9月度 退職金・年金に関する実態調査	経団連企業会員および東京経営者協会会員企業
2249万円	2017年	**中央労働委員会** 平成29年退職金、年金及び定年制事情調査	従業員1000人以上資本金5億円以上の企業
1788万円	2018年	**厚生労働省** 平成30年就労条件総合調査	常勤労働者が30人以上の民間企業
1203万円	2018年	**東京都** 平成30年中小企業の賃金・退職金事情	従業員10人以上300人未満の都内の中小企業

雇用延長が義務付けられるなど、企業の負担は大幅に増えています。社員の昇給を抑制したり、退職金を減額しないと制度を維持できなくなっているというのが実態です。これからますます退職金額が減っていくと予想されます。少しでも有効活用するためには工夫が必要です。

会社から支給される退職金は通常、一時金として一括で受け取ります。ただ、企業年金や厚生年金基金は「年金形式」や「半分は一時金でもう半分は年金形式」など選択できるケースもあります。税金のかかり方が違うので、もらい方は**一時金のほうがお得**です。詳しくは次項で説明します。

※1　厚生労働省「平成30年就労条件総合調査　結果の概況」

※2　平成30年「中小企業の賃金・退職金事情」調査結果の概要（東京都産業労働局）

「退職金」で安心を手に入れる②
退職金は「一時金受け取り」で手取り増

「大きな金額を一括で受け取るのは不安だ」

「年金にしてもらったほうが預金しておくより利率も高いし、増えそうだ」

こんなふうに思って、**退職金を年金受け取りにすると、一時金のときに非課税になる枠（退職所得控除枠）がまったく使えなくなってしまいます**。つまり、大きな収入に対して、大きな税金がかかってしまうため、かえって損をしてしまいます。具体例を見ていきましょう。

一時金受け取りの場合

大卒から38年間勤務したとすると、非課税枠は２０６０万円（＝８００万円＋70万円×18年（38年－20年））。退職金２０００万円と仮定すると、税金は一銭もかからず、**全額手取り**となります。

なお、退職前に、勤務先に「退職所得の受給に関する申告書」を提出しないと、一括で受け

退職金の受け取り方法で税金・社会保険料のかかり方が違う

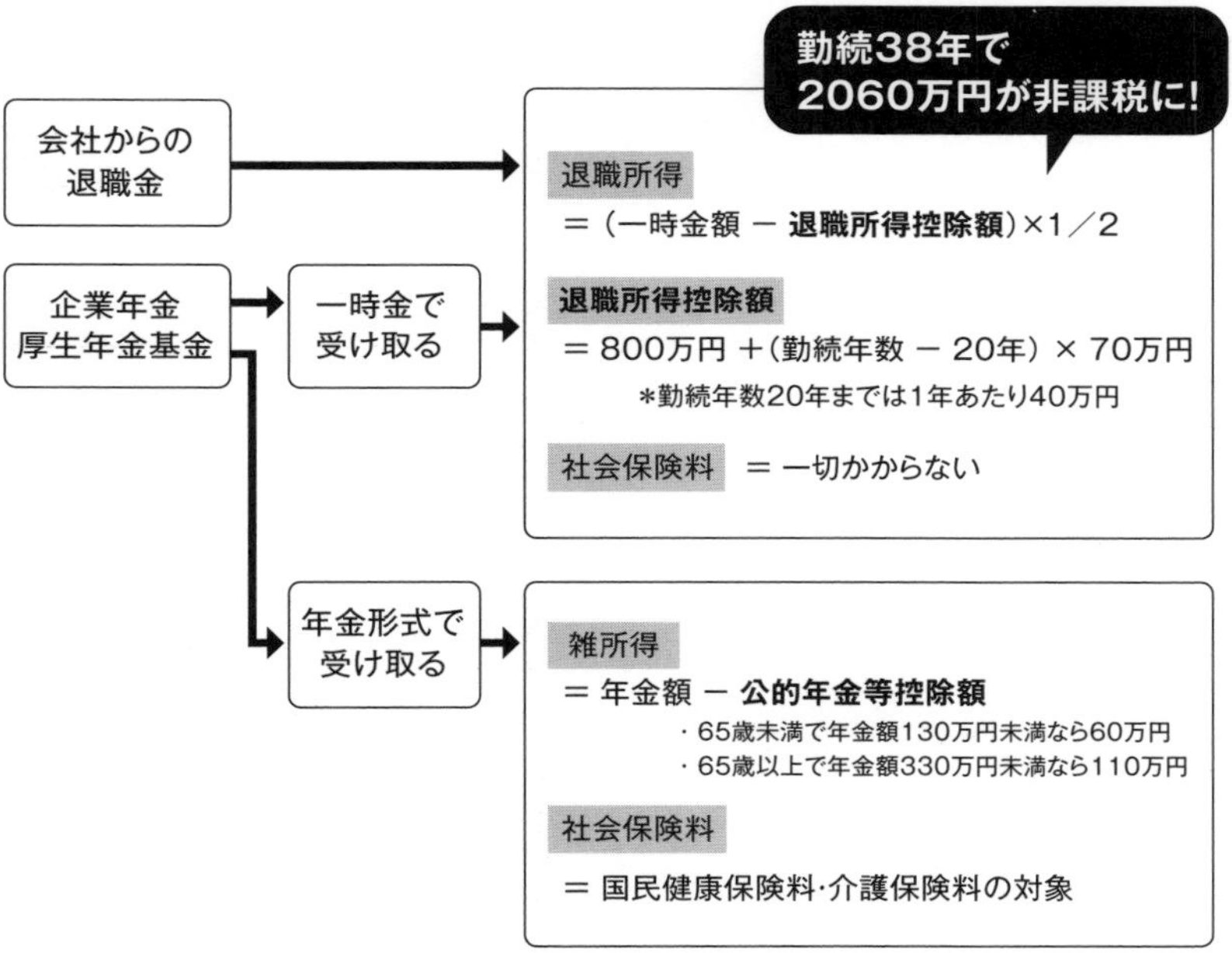

取る際の退職所得控除が適用されず、一律20・42%という高い税率で源泉徴収されるので注意が必要です。

年金受け取りの場合

同じ2000万円を10年間の分割（年率2%の年額222万円の年金方式）として受け取ると、通常の年金収入に222万円が加算されることになります。これだけでも、**年金の「公的年金等控除」という非課税枠（65歳未満で年金額130万円未満なら60万円、65歳以上で年金額330万円未満なら110万円）を超えてしまいます。**

また、通常の年金と退職金を年金形式で受け取った合算が雑所得となり、所得税と住民税がかかります（図参照）。

さらに、年金受け取りのあいだ、国民健康保険料・介護保険料などの社会保険料までアップします。

なお、所得が多くなるため、金額によっては医療費や介護保険について、「現役並み所得者」として窓口負担や利用料が増える可能性があります。多少の運用利回りで元本は増えるでしょうが、基本的には、一時金受け取りのほうがお得です。しっかりと比較して受け取り方を選択しましょう。

「退職金」で安心を手に入れる③ 退職金は投資すべき？

退職金を一時金受け取りにすると、一度に大金を手にすることになるので「せっかくのお金がもったいない。リスクが小さく、そこそこお金が増える商品で運用したい」と考えて、「退職金運用病」にかかってしまう人もいます。

多くの大企業では、50歳を過ぎたあたりで老後のための資産運用を社内の研修プログラムなどで提供していますが、「投資の準備がまだ」という人は、銀行が提供している「退職金専用定期預金」にいったん預けて、その期間中に準備を進める方法があります。預入期間は3ヵ月の定期預金が多いですが、中には半年や1年というものもあります。冷静になるまで手を付けずに置いておいてから運用を考えるのです。

また、リスクを抑えて資産を増やす方法として、「個人向け国債」「社債」「ネット銀行の定期預金」を選択しても良いでしょう。

「退職金特別プラン」に注意！

注意したいのは、「退職金特別プラン」として、投資信託の購入とセットにするという条件で金利が比較的高いものがあることです。たとえば定期預金の金利が7％と驚くほど高いのですが、大半が**定期預金と投資信託を半々に組み合わせた内容**になっています。

しかも、よく見ると3ヵ月ものとあります。これは「3ヵ月を過ぎると、通常の定期預金の金利（0・01％）になりますよ」という意味です。

たとえば、1000万円（定期預金500万と投資信託500万）を申し込んだとします。3ヵ月もので7％の金利を年利で換算すると、500万円の定期預金には8万7500円（＝500万×7％×3ヵ月／12ヵ月）の利息がつきます。

ところが、残り500万円の投資信託が手数料3％だとしたら、購入手数料は15万円です。なんと優遇金よりも、手数料のほうが高いのです。

銀行は確実に15万円の利益が出る一方、契約者は最初からマイナス6万2500円のリスクを背負わされることになります。

投資はリスクの許容範囲のお金で

どんな投資にもリスクがつきものです。金融庁の調べによると、おもな都銀や地方銀行で投資信託を保有している人の半数弱が損失になっています（2019年3月末時点）。

わたしが勧めるのは**「iDeCo（個人型確定拠出年金）」「つみたてNISA（非課税累積投資契約に係る少額投資非課税制度）」**です。iDeCoは掛金の金額が所得控除、運用益が非課税になるため、運用によって利益が出なくても、節税効果で銀行預金に寝かせておくよりは、はるかにお得なのです。なお、60歳まで引き出せないなどのデメリットやかかる手数料（金融機関や商品によって異なる）についても必ず確認しましょう。

「つみたてNISA」は、運用益が非課税で、いつでも引き出しができます。対象商品は、金融庁が定めた「手数料の安いもの」に限られます。初心者向けにおすすめです。

仮に50歳から10年間iDeCoで2万3000円ずつ積み立てたときのシミュレーションを記載しておきます（図参照）。

投資についての詳しい説明はこれ以上紙幅を割けませんが、**シニア投資の極意はとにかく老後資金を守ることを最優先に、失っても致命傷にならない金額で運用する**ことです。

50歳から「iDeCo」を始めた場合の効果

（毎月2万3000円、利回り2%、10年）

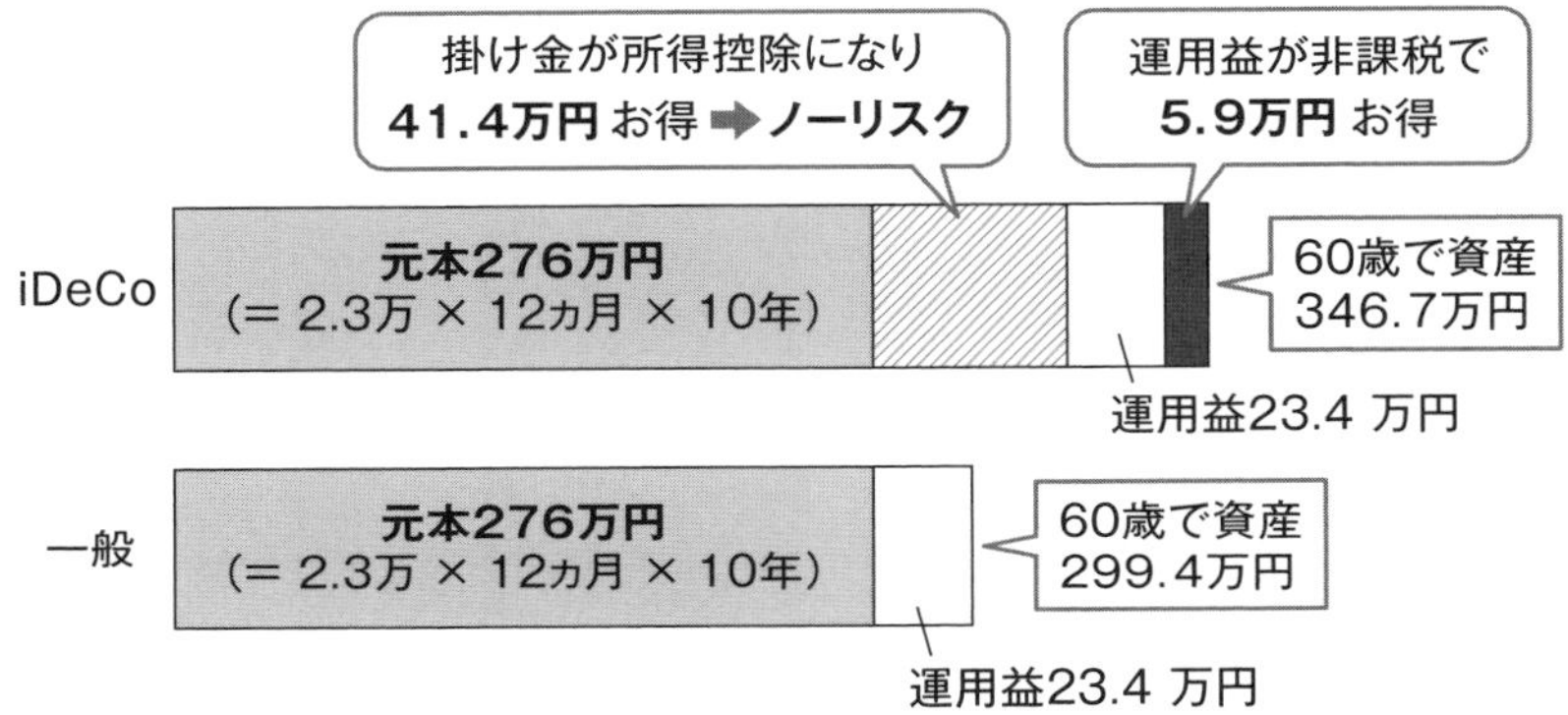

投資には「絶対」「確実」はありません。リスクの許容範囲のお金（最悪なくなってもいいお金）で投資することが肝要です。

退職金は、金額もさることながら老後資金という面で大きな意味をもつお金です。投資の勉強など早めの準備は大事ですが、**退職後にまとまったお金を焦って使うことはありません。**

まずは退職金の額をきちんと把握し、住宅ローンの繰り上げ返済や子どもの教育費の是非など、**身近な出費から見つめ直しましょう。**

「年金」で安心を手に入れる①
年金は結局いくらもらえるのか？

年金は原則65歳からもらえます。受給開始年齢に達する3ヵ月前に、日本年金機構より案内が送られてきます（「年金請求手続きのご案内」と「年金請求書」）。

年金は、国民全体が加入する**国民年金（受給時には基礎年金と呼ばれます）と、収入に応じて変わる厚生年金の2階建て**で構成されています。実際にいくらもらえるかというと、

・**会社員や公務員だった方…厚生年金**（**共済年金は厚生年金に一本化**）**があるので、年額平均約173万円。**

・**個人事業主や厚生年金の加入歴がない方…年額平均約67万円。**

この金額を終身受け取れます。ただし、金額はあくまでも男女平均です。自分の年金額は、毎年、誕生月に、日本年金機構から通常ハガキで送られてくる**「ねんきん定期便」**で確認してください。ハガキ裏面の「3．老齢年金の種類と見込額（年額）」に記載されています。

ねんきん定期便を見るときの注意点は、50歳以上の人には、60歳まで同じ働き方、給与水準のまま働き続けると仮定して計算した見込額が書かれています。一方、50歳未満の人には加入

実績をもとにした年金額が記載されています。これは今まで払い込みをした金額から算出された受け取れる年金額です。あまりにも少額で驚くかもしれませんが、50歳まで納めてはじめて将来受け取る年金見込額がわかります。

日本年金機構のホームページ（ねんきんネット）に登録すると、受け取れる年金の見込額を試算したり、年金加入履歴を確認できます。

なお、「ねんきん定期便」には載っていないものでは、**「加給年金」「振替加算」「厚生年金基金による代行部分」**があります。

たとえば夫（厚生年金に20年以上加入）が、65歳から年金を受ける際、年下の妻（妻の厚生年金加入期間が20年未満など一定期間を満たす場合）がいたら、妻が65歳になるまで、「加給年金」という加算を受けることができます。また、妻が65歳になると、加給年金はなくなり、今度は妻が基礎年金とともに「振替加算」を受け取ることになります。こちらは一生続きます。具体的には、年金事務所に問い合わせて確認しましょう。

また、国民年金を満額受け取るテクニックとして**任意加入制度**があります。大卒（22歳）から定年（60歳）まで勤め上げたとして38年間です。国民年金の満額支給には40年間の加入が必要なので、たとえば、再雇用で厚生年金からもしも外れてしまった人などは、2年間分の保険料を払うことで満額受給できます。**65歳以降に受給する年金額が年間4万円ほど増えます。**

2年間分の保険料は約40万円（≒19万8480円×2年）かかりますが、65歳から年金を受け取って10年で元が取れる計算です。仮に85歳まで生きたとすると、約40万円トクすることになります。

国民年金は有利な投資とも言えるのではないでしょうか。国民年金は、財源の半分が税金で賄われています。任意加入や追納（免除などの承認を受けた期間の保険料をあとで納付する）などで40年満額に近づけましょう。

なお、仮に、夫が平均的なサラリーマンで、妻が専業主婦だった場合、年金は、年平均約264万円（夫年平均約197万円＋妻年平均約67万円）。30年間で、総額約8000万円を受け取れることになります。もし妻が働いていて厚生年金に加入していたとすれば、この金額はもっと大きくなるでしょう。つまり、意識し工夫することで「老後1億円の用意」も夢ではなくなります。必ず年金額は確認しましょう。

※　厚生労働省「平成30年度厚生年金保険・国民年金事業の概況」

「年金」で安心を手に入れる②

「繰り下げ受給」で年金を増やせる

年金の受給時期は、希望すれば60～70歳の範囲内で、いつ受け取るかを自分で決めることができます。これを繰り上げ受給・繰り下げ受給といいます。

国民年金では、繰り上げ受給を18・8％、繰り下げ受給を1・7％の人が利用しています（※）。年金を早く受け取りたいと考える方が多いということです。

では、繰り上げと繰り下げ、どちらがお得なのでしょうか？

基礎年金（令和2年度）は65歳から78万1700円／年（満額受給）です。これをベースに比較していきましょう。

お得な受け取り方は「繰り下げ受給」

繰り上げ受給の最大のメリットは、なんといっても早く年金を受け取れることです。その代わり、1年繰り上げるごとに受給額が0・5％減ってしまいます。

最速（60歳）で年金を受け取ると、54万7190円／年を終身もらえます。満額支給の30％減です。損益分岐点は**76歳8ヵ月なので、それ以上長生きすると金額的には損**になります。その他のデメリットも必ず確認してください。

一方、最大（70歳）まで繰り下げると111万14円／年をもらえます。これは満額支給の42％増です。損益分岐点は81歳10ヵ月なので、繰り下げ需給は**82歳まで長生きすればお得**になります（図参照）。

65歳からの平均余命（平均寿命とは異なります）は男性約20年、女性約24年ですから、65歳まで生きれば、男性は85歳、女性は89歳まで生きる可能性が高いわけです。お得な受け取り方は繰り下げ受給となります。

また、基礎年金と厚生年金の両方を繰り下げることも可能です。たとえば、65歳から受け取れる厚生年金と基礎年金の合計額が年200万円だとします。70歳からの年金額は42％増で、年284万円となります。増額分は、年額84万円です。

ただし、繰り下げ受給もデメリットがいくつかあります。代表的なものとして**「加給年金」が繰り下げ期間中は受け取れない**ことが挙げられます。

「加給年金」とは、いわば年金の「家族手当」のようなものです。条件を満たせば厚生年金に加算して、年金を受給できます。繰り下げ受給をすると、この加給年金が受給できなくなってしまうのです。**仮に妻が3歳下なら、トータル3年分で、約117万円**（＝39万900円×3年）受け取れなくなります。

国民年金だけ繰り下げ、厚生年金は繰り下げない

そこでわたしは**国民年金だけを繰り下げて厚生年金を繰り下げない**ことをおすすめします。これであれば、厚生年金に紐付けられている加給年金をもらい続けながら、70歳から42%増もの年金を手にすることができます。その他、デメリットとして「手取りベースで見ると、額面ほど増えない」などがあります。必ず確認しましょう。

「繰り下げの手続き」についてですが、65歳の誕生日が近づくと返信用の「年金の請求書」が自宅に届きます。繰り下げ受給を希望する場合は、年金請求書を返送しないで、そのまま放っておくことになります。なお、繰り下げ受給を受けたいタイミングで「年金請求書」に必要事項を記入し、書類を提出することになります。最大70歳まで待って請求すれば良いのです。

もし、途中でお金が必要になれば、その時点で申請をすれば受給できます。65歳からの分も

基礎年金繰り上げ受給・繰り下げ受給の「損益分岐点」

受給開始年齢	受給率	受給額（年間）		損益分岐点（＊）
60歳	70%	54万7190円	繰り上げ受給	76歳8ヵ月
61歳	76%	59万4092円		77歳8ヵ月
62歳	82%	64万0994円		78歳8ヵ月
63歳	88%	68万7896円		79歳8ヵ月
64歳	94%	73万4798円		80歳8ヵ月
65歳	100%	78万1700円	本来受給	—
66歳	108.4%	84万7362円	繰り下げ受給	77歳10ヵ月
67歳	116.8%	91万3025円		78歳10ヵ月
68歳	125.2%	97万8688円		79歳10ヵ月
69歳	133.6%	104万4351円		80歳10ヵ月
70歳	142.0%	111万0014円		81歳10ヵ月

（令和2年度満額の場合）

＊損益分岐点
繰り上げ（受給額は1ヵ月ごとに0.5%減る）：受取総額はこの年齢までに亡くなると得をする
繰り下げ（受給額は1ヵ月ごとに0.7%増える）：受取総額はこの年齢まで生きれば得をする

請求によって受け取れます。

ただ、**年金の時効は5年ですから、うっかり70歳を超えてしまうと、失効した分はもらえなくなるので注意が必要です。**

ここまで述べてきましたが、年金の「繰り上げ」「繰り下げ」「本来受給」はそれぞれメリット・デメリットがあります。どれが良いかは各々のライフスタイルに合わせて選ぶことが大切です。

※　厚生労働省「平成30年度厚生年金保険・国民年金事業の概況」

COLUMN

もらい忘れの多い「特別支給の老齢厚生年金」

年金がいくらもらえるのか、繰り上げ、あるいは繰り下げたほうがいいのか。こうしたことは気にされている方が多いのですが、条件を満たした人には、通常の年金に加えて「特別支給」があることはご存じでしょうか?

男性の場合、昭和36年(1961年)4月1日以前、女性の場合、昭和41年(1966年)4月1日以前に生まれた人は、65歳になる前に年金がもらえます(特別支給の老齢厚生年金)。

これは65歳以降にもらえる年金に影響しない、いわば特別ボーナスのようなもの。申請をすれば受け取れるもので、該当する人は必ず年金事務所に問い合わせて請求しましょう。

雇用延長で働き続ける場合も、賃金+年金=28万円までは全額もらえます。28万円を上回ると、超えた額の半分はカットされてしまいます。なお、賃金が多い場合はもらえない場合もあります。

特別支給の老齢年金は、日本年金機構から通知がきているはずです。しかし、「年金は65歳から」と思い込んでいるからか、手続きをしていない人が少なからずいます。もらい忘れたまま65歳を迎えると「年金請求手続きのご案内(未請求用)」が送られてきます。受給漏れに気づくチャンスですが、繰り下げ受給を選んだ人などは、「年金はまだ先に受け取るもの」という認識で、案内を放置してしまっている可能性があります。

年金は、国民から請求手続きをしないかぎり、国が自発的に支払ってくれるものではありません。**自分が受け取れるかどうかを確認するには、ねんきん定期便の「特別支給の老齢厚生年金」の欄を見てください。受給額と年齢の記載があれば受け取りの対象となります**。

請求していないことに気づいたら、すぐに最寄りの年金事務所に問い合わせ請求しましょう。

ちなみに、**勤続40年の標準モデル年金なら月額10万円、3年分で360万円**にもなります。年金事務所で請求すれば、遡って一括で支払われますが、**5年を過ぎると時効**になります。

「年金」で安心を手に入れる③ 定年後も厚生年金に加入できれば約360万円の差

定年になっても、まだまだ働きたいと意欲のある人もいます。60～64歳の約6割、65歳以上の約2割はなんらかの形で働いていますが、就業者のうち、厚生年金への加入率は、60～64歳で約56％、65歳以上ではさらに低く約13％にとどまります（※）。**どうせなら厚生年金が増えるような働き方**が理想でしょう。５０１人以上の会社なら、週に20時間以上の勤務、月の収入8・8万円以上などの条件を満たせば厚生年金に加入することになります。**厚生年金の保険料の半分は会社が負担**しています。そのため、範囲の拡大に対しては、難色を示している企業もありますが、国は、今後51人以上の会社にも適用できるよう検討中です。

たとえば、60歳まで平均年収５００万円だった人が、60歳以降働くのをやめると、65歳からの年金は基礎年金と厚生年金の合計で年に約１７８万円です。

60歳以降も厚生年金に加入して働くと年金額(目安)は?

(単位:万円)

現役時代の平均年収		500	600
働かないか、厚生年金に加入せず働く		178	199
65歳まで5年働く 65歳以降の年金額 年額)	年収200万円	187(+9)	208(+9)
	年収300万円	190(+12)	211(+12)
	年収400万円	193(+15)	214(+15)
70歳まで10年働く 70歳以降の年金額 年額)	年収200万円	193(+15)	214(+15)
	年収300万円	198(+20)	219(+20)
	年収400万円	204(+26)	225(+26)

*概算、基礎年金(78万円 × 納付月数/480ヵ月)と厚生年金(平均標準報酬額[=年収]×5.481/1000×加入月数)で試算。現役時代は38年と仮定

しかし、65歳まで年収300万円で5年間働くと、65歳からの年金は約12万円/年増えて190万円になります。

もっと長く70歳まで働くと、70歳以降の年金は、働かなかった場合より、65歳から年に12万円、70歳から年に20万円の増額となります。寿命を85歳までとして計算すると、60歳以降働かなかった場合に比べて、70歳まで働けばもらえる**年金の増加額の累計は約360万円**〔=年間12万円×5年(70歳-65歳)+年間20万円×15年(85歳-70歳)〕にもなるのです。

もちろん年金が増えるだけではなく、働いている時期は給与収入そのものもあるので、家計はもっとラクになっています。

※ 厚生労働省「平成28年公的年金状況等調査」

「雇用保険」で安心を手に入れる①
再雇用や転職で収入が激減しても15％の補償

60歳で定年退職し、再雇用されたり、転職して就職先を見つけて収入が激減することも考えられます。そのようなときは、次の2つの制度を活用しましょう。

①高年齢雇用継続基本給付金
②高年齢再就職給付金

いずれも、60歳時点の賃金から新賃金が75％未満になった場合に、最大で新賃金の15％を国が補助してくれる制度です。

たとえば、月給40万円だった人が60歳のときに24万円（60歳以前の60％）にまで下がったとします。このとき、新賃金の15％にあたる3万6000円（＝24万円×15％）が月額支給されるという制度です。**65歳まで働けば、5年間の受給総額は216万円です。**

なお、①②では受給対象が異なります。①は失業保険を受けずに60歳以降も働く人、②は失

「高年齢雇用継続給付金」の受給例

60歳以降の賃金月額	低下率	高年齢雇用継続基本給付金		
		支給率	給付金（月額）	65歳までの総額
24万円	60%	15%（満額）	3万6000円	216万円
28万円	70%	4.67%	1万3076円	78万4560円
32万円	80%	0%	0円	0円

*60歳時の賃金月額40万円

業保険を受けたのちに再び働き始めた人に支払われます。

②の注意点は、失業給付の残日数が１００日以上ないと受給対象にならないことです。一般的な大卒サラリーマンが定年退職した場合（雇用保険20年以上加入）、失業給付は１５０日ですから、②を受給するには、退職後50日以内に再就職できるかがポイントです。

また、①の手続きは、原則として会社がおこなうことが義務付けられていますが、中小企業などで担当者が制度を知らずに、手続きがなされないことがあります。その場合は、従業員が会社に申し出る必要があります。なお、事業主が手続きしなければ、罰金などの対象になります。

「雇用保険」で安心を手に入れる②
65歳以上の失業給付（高年齢求職者給付金）は何度でももらえる

2016年時点での男性の健康寿命は、72・14歳（女性は74・79歳）。老後の資産寿命を延ばす手段として、働く期間を延ばすことで収入維持を考える人は多いでしょうが、70歳以降は働きたくても働けない人が多いのも実情です。

そこで、65歳以上の失業給付（**高年齢求職者給付金**）が役に立ちます。離職前の平均月収が20万円で雇用保険に1年以上加入していれば、約24万円（基本手当の50日分）が一時金として支給されます。65歳以降に新たに再就職した場合、70歳でも80歳でも雇用保険に加入できるようになりました。今まで、「高年齢求職者給付金」の受給は1回限りでしたが、今は、失業するたびに、一時金として受給できます。

申請は前の職場から受け取った離職票など必要書類をハローワークに提出して進めます。この給付金は離職する前の1年間に雇用保険に通算6ヵ月以上加入していれば、受け取ることが

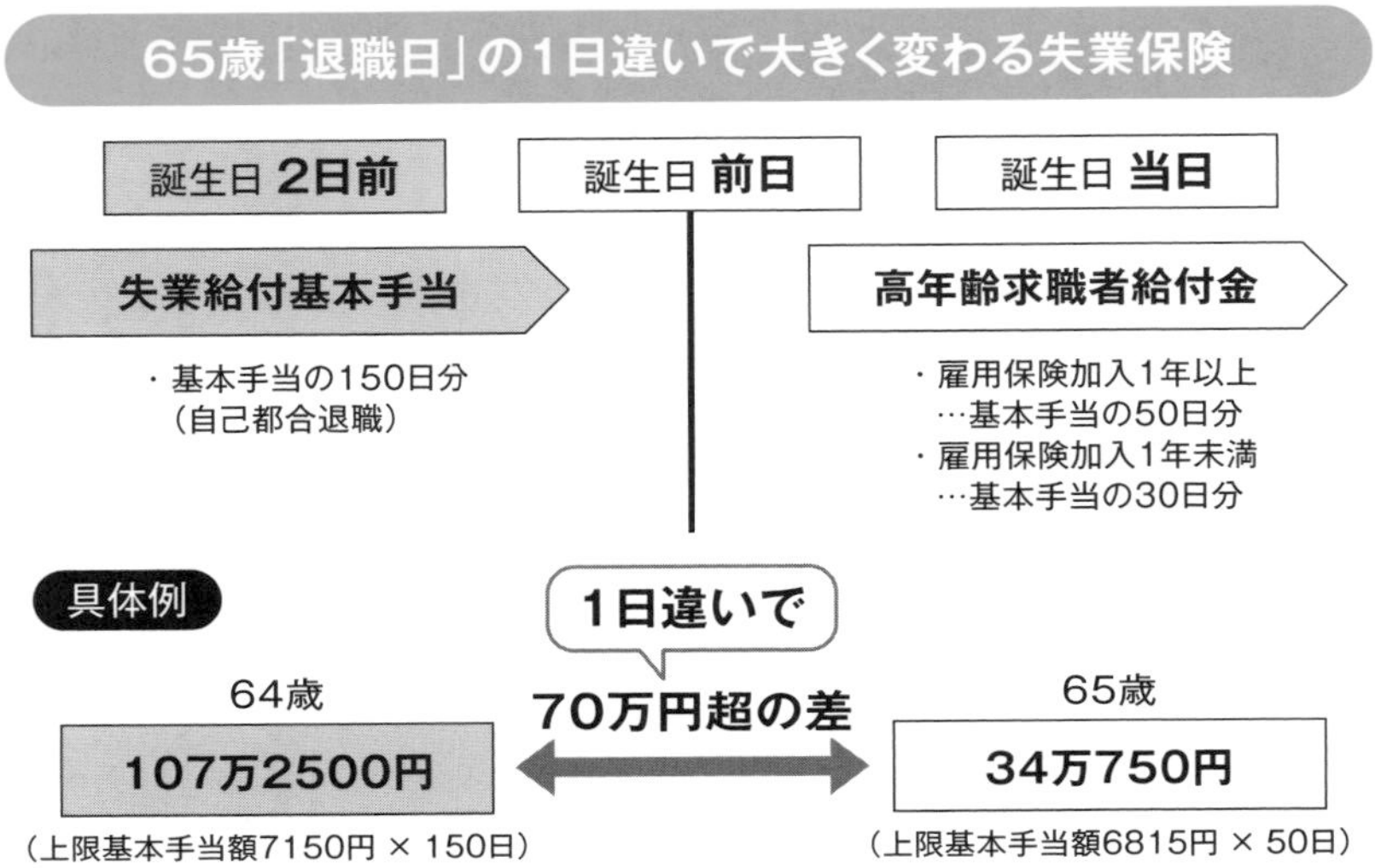

できます。

定年退職後の失業保険には、裏技もあります。**65歳の誕生日2日前に退職すると、失業保険の給付期間が3倍になる**のです。

64歳まで働いて基本手当日額が上限額の人をシミュレーションすると、図のように、もらえるお金は70万円以上変わってくるのです。

給付基準が下がるのは「65歳に達した日（＝65歳の誕生日の前日）」以降。つまり、65歳の誕生日の2日前までに退職しておけば、受け取るときに65歳になっていたとしても65歳未満の失業保険を受けることができます。

ただし、65歳定年制の会社で定年直前に辞めたばかりに、受け取れるはずの退職金を受け取れなかった（あるいは減額された）など不利益を被る可能性もあります。あらかじめデメリットはないかしっかり検討してください。

2000万円を稼ぐ最終手段は夫婦で1日4時間、10年働くこと

これまで老後資金2000万円を捻出するため、さまざまな方法をお伝えしてきました。読み進めていただいて、難しくて実践できそうもないと感じる方もいるかもしれません。

じつはこれまでの方法をすべて度外視して、**10年間で2000万円**を貯める方法はあります。それは**夫婦2人で1日4時間、週5日間働く**ことです。

時給1013円（東京都の最低賃金）×1日4時間×月20日（週5日）×2人×10年（120カ月）＝約1940万円。

拍子抜けするような答えだったかもしれませんね。じつは夫婦2人で人よりも10年余分に働けば、2000万円を稼ぐことは難しくないのです。

冒頭で紹介した**老後の3大不安「お金」「健康」「孤独」を解消する最高の方法が可能なかぎり働くことです**。仕事を続けることで、収入が得られ、規則正しい生活を送ることができるほか、人とのコミュニケーションを図ったり、緊張感を得られます。また、会社や社会、人の役

に立っているという、やりがい、生きがいを感じられるので、精神面にもいい影響を与えるのではないでしょうか。お金や孤独の不安は和らぎ、生活リズムが保たれることで健康面の利点もあります。

なお、健康面において、日頃の健康管理はもちろんですが、「働く」ことが効果的である調査結果があります。ＷＨＯ（世界保健機関）の発表によると、定年後に仕事をしていた人は、仕事をしない人に比べ、寿命が2年程度長かったということです。さらに、認知症リスク低下、脳卒中にもなりにくいことがわかっています。

老後の仕事は「細く長く」が大事だと思います。人生後半の黄金期、家族や周りの人たちと楽しみながら、心のよりどころを見つけて、幸せに生きていきたいですね。

蓄えも退職金もなくても、親の遺産に期待ができなくても、現在の収入がいくらでも、リスクなく老後資金２０００万円を捻出することは誰にでも可能です。

第四部まとめ

□退職金は一括で受け取り、非課税枠いっぱいまで使う
□シニアの投資はとにかく守りに徹する（iDeCo、つみたてNISAを活用）
□まずは退職金の額を把握し、住宅ローンの繰り上げ返済や子どもの教育費の是非など、身近な出費から見つめ直す
□自分がもらえる年金は「ねんきん定期便」で確認する
□年金は「繰り上げ」「繰り下げ」が可能。ライフスタイルに合わせて選ぶ
□「特別支給の老齢厚生年金」はもらい忘れに注意
□「高年齢雇用継続基本給付金」「高年齢再就職給付金」で賃金の15％を補償してもらう
□誕生日の2日前に退職すると、失業保険の給付期間が3倍になる
□定年退職後も夫婦2人で細く長く、働き続ければ10年で2000万円は貯まる

エピローグ　老後でほんとうに大切なもの

どうしたんですか？
こんなところに１人で
少し考え事を……
水上さんもそろそろ
退職ですね
老後資金は大丈夫ですか？
一応、備えは
しているのですが……

わたしは今年で
退職ですが、
資産を一覧にして
妻に見せましたよ
そうなんですか？
なんとか暮らして
いけそうなので、
妻も安心していました
それはよかったですね

ただいま〜
アケミ、ちょっといいか？
どうしたの？
これ、見てもらえるか

???
うちの資金計画だ。老後資金として2000万円貯まってる
水上家老後資金計画

……そう。ありがとう
これでお前もパートを……
辞めないわ

えっ?
働き始めたら
楽しくなっちゃって
でも仕事大変だろう?
確かに、
しんどいこともあるけど

若い人たちが「おいしい」って昼食を食べて、また元気に働きに行く姿を見るのも悪くないのよ
たまには孫にもおもちゃくらい買ってあげたいし
そうか、そうだよなぁ

計画性をもってムダを
なくすことで
豊かな老後を過ごす
ことができます
しかし
気づいたのです
ほんとうに
大切なことは
生き方を選ぶこと

人生100年時代に
自分が何をしたいのか?
老後のお金について
考えることは人生を
考えることなのです
50代から老後の
2060万円を
貯める方法

水上さん、
お時間です
はい
50代から老後の2000万円を貯める方法
それでは
ファイナンシャル
プランナーの
水上克朗先生です！
パチ
パチ

50代からの生き方
老後でいちばん大切なことは――

おわりに

忘れもしない某年3月初旬の人事異動の発令日。

担当役員からの1本の電話で、わたしの人生計画はすべて狂いました……。60歳の手前で大幅な収入減、まさに収入の崖の谷底へと突き落とされてしまったのです。

「このまま会社に残るのか」
「転職するのか」
「起業するのか」
「今後の生活はどうなるのか」

いろいろな不安が脳裏に浮かびましたが、当時はその不安を解消する手立てを持ち合わせていませんでした。

同じタイミングで家族の病気が悪化、父親は認知症で2年半の介護状態。母親も老老介護で疲れ果て、胃がんで3ヵ月の余命宣告。両親が立て続けに他界し、ダブルで相続に直面しました。両親の医療・介護費用は合わせて800万円でした。

現在の収入は360万円、あと2年で250万円の年金生活に入ります。わたしは50代後半で収入が激減したところから、いろいろな対策を取って、老後資金を捻出しました。

本書では「誰でも簡単に実践できて、わかりやすい方法」に的を絞ったので、すべてを公開するには至りませんでしたが、わたしのような普通のサラリーマンでもできた方法です。これから退職後に続けるファイナンシャルプランナーとしての活動のなかで伝えていきたいと思います。それが人のため、社会のために役立てば、この上ない喜びです。

40年間ひとつの会社にしがみつくことでしか生き残る道のなかったわたしが、人生のライフワークと言える仕事と出会えたのは、老後資金を貯めようと思ったことがきっかけでした。

「老後2000万円問題」に危機感をおぼえた方もいるでしょう。2000万円問題の本質は、じつはお金ではありません。なぜなら生活レベルによって老後5000万円必要な人も、1億円必要な人もいるからです。在宅介護や老人ホームに入るタイミングによっても変わってきますし、勤めている企業や家族構成によってもリスクはまちまちです。

つまり、どんな老後（セカンドライフ）を過ごしたいのか、そのためにはどのくらいの資金が必要なのか、どんな計画で実現していくのか。家族とじっくりじっくり考えて、何よりあなた自身が自分らしい生き方を見つけて生きていくことが、この問題に対処していくうえでの出発点なのです。これが本書でいちばん伝えたかったことです。

50代からは人生の後半戦です。賭けのような手段を取らなくても、家族のため、会社のためにコツコツと働いてきたサラリーマンには、国の制度を最大限活用できる基盤が出来上がっています。死ぬまで安心して幸せな人生を歩むために、いちばん安定していると言われるのが私たちサラリーマンなのです。仕組みをしっかりと理解し、生活のムダをなくせば、老後資金は捻出できます。

誰にでも道を開く方法はあります。

最後に、出版の機会を与えてくださった松尾先生、小難しい話を見事にわかりやすく漫画にしてくださったたじむさん、アチーブメント出版の塚本社長と白山マネジャー。

40年間お世話になった会社の皆様、転勤族でろくに子育てもしなかったわたしと共に歩んでくれている妻や子どもたち、天国で見守ってくれている父と母、両親が息を引き取るまで面倒を一緒に見てくれた弟、ここには書き切れないすべての人たち、そして最後まで読み進めてくださったあなたに、心より感謝を申し上げます。
あなたの今後の人生がより良くなることを切に望み、筆を擱かせていただきます。

2020年3月吉日　自宅の書斎にて

水上克朗

著者プロフィール

水上克朗（みずかみ・かつろう）

ファイナンシャルプランナー

1957年山梨県生まれ。慶應義塾大学卒業後に大手金融機関で40年間勤務し、14回の部署異動、11回の転勤、11年間の単身赴任、二度の会社合併を経験したが「会社一筋一社の人生」を貫く。56歳のときに社外出向となり、収入が激減。同じタイミングで家族の病気が悪化、実家の父親は認知症で2年半の介護状態。母親も老老介護で疲れ果て胃がんで3ヵ月の余命宣告。両親が立て続けに他界し、ダブル相続にも直面した。ファイナンシャルプランナーの知識を活かし、自身のライフプランを見直して老後資金を捻出。専門雑誌のコラムや講演活動で50代から同世代のリタイア世代にエールを送る。CFP（日本FP協会認定）、1級ファイナンシャル・プランニング技能士。

アチーブメント出版
〔twitter〕@achibook
〔Instagram〕achievementpublishing
〔facebook〕http://www.facebook.com/achibook

50代から老後の2000万円を貯める方法

2020年（令和2年）3月26日　第1刷発行

著者　水上克朗
作画　じむ

発行者　塚本晴久
発行所　アチーブメント出版株式会社
〒141-0031
東京都品川区西五反田2-19-2　荒久ビル4F
TEL. 03-5719-5503
FAX. 03-5719-5513
http://www.achibook.co.jp

出版企画　ネクストサービス株式会社　松尾昭仁
装丁　大場君人
本文デザイン　ISSHIKI
校正　株式会社ぷれす
印刷・製本　株式会社光邦

ISBN 978-4-86643-067-6